KB043412

교 육 의
차 🏛 이

김선 지음

혜화동

교육에 대한
생각을
바꿀 시간

　내 어릴 적 꿈은 '하버드 대학'에 입학하는 것이었다. 초등학교 시절 선풍적인 인기를 끌었던 홍정욱 씨의 《7막 7장》의 영향도 있었던 것 같지만, 아무래도 신문을 볼 때마다 교육지면에 꼭 나왔던 미국과 영국 등 소위 선진국들의 교육에 대한 기사가 내 마음을 끌었기 때문일 것이다.

　초등학교 때부터 공부를 제법 잘했던 나에게 늘 어른들은 "커서 서울대 갈 거니?" 하고 묻곤 하셨는데, 그때마다 "저는 하버드 대학교를 갈 거예요!"라고 대답을 했다. 말이 씨가 된 것일까? 고등학교 때까지 외국에 살아 보지 않았던 토종 한국인이었던 나는 우연한 기회에 입학한 민족사관고등학교를 통해 영국 옥스퍼드 대학에 입학하게 되었다.

　그리고 대학 입학 후 박사 과정 졸업까지 지난 15년간 영국, 미국, 독일의 명문 대학들의 교육 및 연구 환경을 경험할 기회를 가졌을 뿐만 아니라 전 세계에서 몰려든 학생, 학자, 교육가들과 교류하는 행운을 누렸다.

하지만 옥스퍼드 교육학 박사라는 타이틀보다 더 진지하게 교육에 대해 생각하게 만든 것은 '엄마'라는 타이틀이었다. 나는 박사 과정 말기에 생각지 않게 임신이 되어 영국과 한국을 오가면서 엄마라는 타이틀을 어렵게 얻었다. 아이가 생긴 후 한국의 엄마, 아빠들이 가진 많은 고민과 어려움을 머리만이 아닌 마음으로 더 공감할 수 있게 되었다.

가깝게는 연구원에서 같이 일하는 워킹맘들과의 대화나 이제는 모두 엄마가 된 소꿉친구들과의 수다 그리고 학교에서 사회 활동을 통해 만나는 교육 현장에 있는 교수와 교사, 교육가들과의 토론을 통해서 지금 한국 사회에 산적한 많은 문제들이 있지만 그중에서도 교육 문제만큼은 '모든' 사람들이 공감하는 이슈이고, 새로운 돌파구 및 전환점이 필요한 시점이라는 것을 피부로 느꼈다.

우리나라 교육에서 '입시 위주의 교육'을 가장 큰 병폐로 여기고 이를 개혁해야 한다는 목소리가 높다. 공교육을 몰락시키고 학교를 서열화하는 주범으로 자사고, 특목고를 지목하며 이 학교들을 없애야 한다는 목소리도 있고, 문제 풀이 위주의 입시 제도를 개선해야 한다는 주장도 있고, 상대평가 대신 절대평가로 바꿔야 한다는 대안을 내놓기도 한다. 그리고 교육 서열화의 원인인 '서울대'를 없애야 한다는 극단적인 주장을 하기도 한다.

그런데 이 모든 병폐들을 개선하여 완벽한 제도를 만들었다고 한들 우리가 원하는 교육이 이 땅에서 실현될 수 있을까? 다르게 표현하면 과연 우리 교육의 문제는 불완전한 '제도' 혹은 '정책'의 문제일까? 뉴

6

스에서 끊임없이 쏟아져 나오는 교육제도와 정책에 대한 논란에 매몰
되어, 정작 가장 중요한 '교육의 가치'란 문제를 놓치고 있는 것은 아닐
까? 교육에서 가장 중요한 가치는 무엇일까? 우리나라에는 어떤 교육
의 가치가 필요할까?

이 책은 이와 같은 문제의식에서 시작되었다. 교육에서의 가치를 논
하고 연구하는 방법에는 여러 가지가 있겠지만, 여기서는 나의 개인적
경험과 학문적 배경을 바탕으로 비교교육학적인 측면에서 접근하는 방
식을 택했다. 또한 독일, 영국, 미국 같은 선진국들의 교육을 서술함에
있어서 부분적으로나마 자문화기술지Autoethnography 방식을 차용했다.

그렇다고 각국의 교육제도 및 행정을 단순 비교하려는 것은 아니다.
한 나라의 국제 관계, 국내 정치적, 역사적, 문화적 배경을 바탕으로 교
육제도를 해석하는 문화적 접근 방법을 차용할 것이다. 교육제도는 정
치, 경제, 문화, 복지 분야를 포괄하는 전체적인holistic 환경에서 만들어
지고 진화되었기에, 제도 자체에 대한 연구 이전에 제도가 생성되고 개
발된 맥락context에 대한 철저한 이해가 필요하기 때문이다.

이 책에서 소개하는 독일, 미국, 영국, 싱가포르, 핀란드는 2017년
세계경제포럼World Economic Forum에서 국가경쟁력 세계 10위 안에 랭크
된 소위 '교육 선진국'들이다. 하지만 이들 나라의 교육을 소개하는 목
적은 이들의 좋은 점을 보고 배우자는 것만은 아니다.

설령 어떤 나라에서 효과를 얻은 교육제도라 하더라도 우리나라에
서도 똑같이 작동될 것이란 보장은 없다. 오히려 우리나라에 적용하려
다 기존의 제도가 수정되어 제 역할을 못하게 되는 문제가 발생할 수

있다. 일반적으로 외부에서 새로운 정책이 도입되어도 자국에서의 기존 관행에 의존하는 경향이 강해 혼란을 가중시킬 수도 있기 때문이다. 그리고 애초에 그 교육제도는 그 나라의 전체적인 시스템에서 작용하는 것이기 때문에 제도만 도려내서 옮겨 온다는 것 자체가 무리일지 모른다.

따라서 요즘 우리 사회에서 화두가 되는 핀란드 교육을 논할 때도, 핀란드의 이러이러한 교육법이 효과가 좋으니 우리나라 수업에도 적용해 보자가 아니라, 핀란드의 교육이 우리 사회에 시사하는 바는 무엇이고 그 의미를 어떻게 인식해야 하는가에 대한 논의가 먼저 이루어져야 한다.

독일, 영국, 미국, 싱가포르, 핀란드 교육 사례를 통해서 비단 한국 교육이 지금 겪고 있는 문제가 제도적이고 정책적인 이유뿐 아니라 우리나라 교육철학의 근간이 되는 사회적, 문화적 바탕에 대한 것이라는 사실을 인식했으면 한다.

서울대를 없앤다고 해서, 자사고나 특목고를 없앤다고 해서 교육 문제가 해결되는 것은 아니다. 먼저 학교나 가정 그리고 지역사회에서 자라나는 우리 아이들이 우리 사회에 어떤 인재로 자라는 것이 좋은지에 대한 많은 이야기들과 토론들이 선행되어야 한다. 그리고 이런 공론화 작업을 통해 '우리가 나아가야 할 교육과 철학'에 대한 사회적 합의가 도출되어야 한다. 작게나마 이 책이 새로운 교육에 대한 논의를 위한 '이야깃거리' 중의 하나가 되었으면 하는 바람이다.

이제는 단일화된 기준과 지식으로 한 나라나 지역사회 그리고 가정 **8**

의 교육을 평가하고 재단하는 시대는 지났다. 이 책에서 다루어질 독일, 영국, 미국, 싱가포르, 핀란드와 같은 소위 교육 강국들의 교육 시스템을 들여다보면 나라마다 각기 다른 교육철학, 제도, 프로그램, 교사와 부모의 모습이 드러난다. 이 교육의 차이는 그 나라가 처한 정치적 사회적 환경 하에서 최고의 교육이란 무엇인지에 대한 고민 끝에 나온 것이다.

많은 사람들이 최고라고 이야기하는 학교 혹은 프로그램을 수동적으로 쫓아가는 것이 아닌, 우리 아이, 가정 및 사회의 '차이'를 인정하고 그 가운데 가장 '알맞은' 교육을 주도적으로 찾아가는 과정에 이 책이 도움이 되었으면 한다. 그리고 부모들도 단지 성적을 올리고 선행학습을 시키는 것만이 아니라, 우리 아이가 어떤 아이로 자랐으면 좋겠는지, 학교라는 공간에서 뭘 배우고 성장했으면 하는지를 생각하는 계기가 되었으면 한다. 이런 필자의 바람이 독자들에게 전해지면 좋겠다.

2018년 1월
관악산에서 김선

차 례

2_영국 교양은 어떻게 만들어지는가?

3_미국 혁신 교육은 어디에서 오는가?

4_싱가포르 효율적인 교육제도란 무엇인가?

5_핀란드 아이의 속도를 기다릴 수 있는가?

6_미래 교육 포스트 코로나 시대, 교육의 방향은?

1

독일

공부를
잘해야
성공하는가?

"우리가 만나는 모든 것은 흔적을 남깁니다.
모든 것이 우리의 교육에 미세하게나마 도움을 줍니다.
Everything we encounter leaves traces behind.
Everything contributes imperceptibly to our education."
- 요한 볼프강 괴테 Johann Wolfgang von Goethe

○ 공부를 잘해야
성공하는가?

우리나라 교육의 가장 큰 문제점 중 하나로 지적되는 것이 교육을
입신양명立身揚名을 위한 도구로 여기는 풍토일 것이다.

SKY 혹은 인서울 10위권 대학을 졸업해야지 대기업 혹은 변호사나
의사와 같은 '사' 자가 들어간 사회적으로 존경받는 직업을 얻을 수
있다고 여긴다. 그래서 아이들은 초등학교부터 치열한 경쟁 구도에
진입하고, '성공을 위한 사다리'에 가족 모두가 매달리게 된다. 과도
한 사교육, 일류 대학 위주의 입시 및 교육제도 모두 이러한 사회적,
문화적 풍토로 인해 교육제도가 왜곡된 결과일 것이다.

독일에서는 일류 대학이라는 개념도 없을뿐더러, 과반수가 넘는 학
생들과 부모들이 한국의 초등학교 5학년에 해당하는 시기부터 직업
교육을 선택한다.

과연 독일에서 직업교육을 거쳐 사회인이 된 학생들은 어떤 삶을 살
게 될까? 독일은 어떠한 역사적 사회 문화적 경로를 통해 직업교육
과 경제구조의 긴밀한 연결을 꾀하게 되었을까? 독일 교육이 직업교
육을 통해 추구하고자 하는 철학은 무엇일까?

GERMANY

100년이 넘어도
튼튼한 집

하이델베르크는 독일 내에서도 문화와 전통을 자랑하는 곳이다.
500년 전 기독교 종교개혁을 일으킨 마틴 루터의 고향이자, 독일에서
가장 오래된 하이델베르크 대학이 있는 대학 도시이다.

하이델베르크의 구시가지는 붉은 벽돌로 웅장하게 지어진 건물이 즐
비하게 늘어선 아름다운 풍경으로 인해 일 년 내내 관광객으로 붐빈다.
2차 세계대전 때 연합군이 독일 도시를 폭격할 때 하이델베르크의 구
시가지는 제외되었을 정도로, 네카어 강을 따라 펼쳐지는 하이델베르
크 성과 대학 캠퍼스 그리고 뒤로 보이는 푸르른 산은 정말 장관이다.

남편이 연구원으로 근무한 칼 야스퍼스 센터 건물은 이 하이델베르
크의 구시가지 바로 중심에 있었다. 그러나 연구원의 봉급이 얼마 되지
않았기 때문에 우리는 집에 들어가는 렌트비를 아끼기 위해 하이델베

르크 도시 중심이 아닌 외곽 지역 마을에 살기로 결정했다.

　독일인 친구의 도움을 받아 하이델베르크 남쪽의 키르셔하임Kirche-heim 마을에 있는 주택에 둥지를 틀 수 있었다. 집주인은 보험회사 사무실을 운영하는 마음씨 좋은 독일 할아버지로, 3층 집을 개조하여 1층은 사람들에게 렌트를 하고 있었다. 놀라운 것은 이 집이 무려 100년이 넘었다는 사실이다.

　영국에서도 100년 이상 된 집에서 살아 보았지만, 독일에 와서 살게 된 이 집은 100년이란 세월이 무색할 정도로 정말 튼튼하고 따뜻했다. 기둥을 비롯한 기초 건축 자재는 100년이 되었지만 그 외의 나머지 시설인 지붕, 창문, 상하수도 시설, 내부 인테리어는 계속 손을 보며 살기 좋게 가꾸었고, 이 수리는 지금도 현재 진행형이다.

　60살이 훌쩍 넘으신 주인 할아버지도 항상 공구를 들고 다니시면서 집 여기저기를 살펴 필요한 부분은 스스로 고치셨다. 그리고 오래된 세탁기나 샤워 부스에서 물이 샌다거나 해서 연락하면 직접 살펴보고 만일 본인이 고칠 수 없다고 판단되면 그 즉시 기술자에게 연락하여 수리를 해 주셨다.

　이렇게 튼튼하게 지어지고 잘 관리되는 독일 집 자체도 놀라웠지만, 우리가 더 감명을 받은 부분은 바로 독일의 세입자 제도였다. 영국이나 한국에서와 달리 독일에서는 특별한 계약 기간이 존재하지 않고 세입자가 나갈 때까지 2년이고 10년이고 살 수 있으며 주인 마음대로 렌트비를 올릴 수도 없다. 이런 세입자 중심의 주거 제도 때문에 독일에선 우리와 같은 학생이나 서민들이 적은 월급으로도 생활할 수 있다.

학교 앞에서 아이들을
기다리는 부모들

하이델베르크에 도착하자마자 우리가 산 물건 1호는 바로 자전거였다. 자전거는 이런 유럽의 소도시를 돌아다니기에 유용한 이동 수단이면서 교통비를 아끼기에도 제격이었다.

집에서 시내까지는 자전거로 30분 정도 걸렸다. 남편과 나는 '철학자의 길Philosophers' Walk'이라고 불리는 구시가지의 산책로를 거쳐 네카어 강을 따라 하이킹하는 것을 즐겼다. 출퇴근 시간이 따로 정해져 있지 않은 연구직이었지만 남편은 워낙 성실한 성격이라 주중에는 매일 같은 시각 사무실로 출근을 했고, 나도 일주일에 3~4일 쯤은 도시락을 직접 만들어 자전거를 타고 남편 연구실 근처 대학 도서관으로 공부를 하러 갔다.

하루는 점심을 늦게 먹은 데다 준비해 간 도시락에 학교 식당 밥까지 주문해서 허겁지겁 먹다 보니 너무 배가 불러서 평소보다 일찍 퇴근을 하기로 했다. 사무실에서 집으로 가는 길에는 예쁜 정원과 주말 농장이 있었다. 꽃이 가득한 이 지역을 빠져나오면 전차 레일이 함께 놓여 있는 도로가 있고, 그 도로를 건너 달리면 길가를 따라 학교 건물이 쭉 늘어서 있었다.

그날도 자전거를 타고 유유히 학교를 지나고 있는데, 건물 옆 주차장에 여러 대의 차가 주차되어 있고, 차 안에는 부모들이 아이들을 기다리고 있는 것이 눈에 들어왔다.

그 장면을 보니 한국 생각이 났다. 나는 대학 시절 유학에 필요한 생활비를 벌기 위해 방학마다 학원에서 영어 강의를 해야 했는데, 수업이 끝날 시간쯤 되면 학원 건물 밖에는 아이들을 다른 학원으로 데려다주기 위해 기다리는 엄마들의 차로 혼잡하기 이를 데 없었다.

"독일 부모들도 한국 부모랑 다를 바 없구나…. 아이들을 데려가려고 기다리고 있나 봐."

말이 끝나기 무섭게 아이들이 우르르 나왔는데, 이게 웬일인가? 차로 들어가는 아이들이 들고 있는 건 책가방이 아니라 운동 기구가 잔뜩 든 커다란 가방이었다.

나중에 독일 친구들에게 물어 보니 특별한 목적이 있는 날만 부모가 학교까지 아이들을 데리러 온다고 했다. 방과 후에 운동 경기 및 연습을 하러 갈 때 부모들이 무거운 스포츠 짐을 옮겨 주기 위한 경우처럼 말이다. 하지만 대부분의 경우 아이들은 학교가 끝난 후 곧바로 집으로 향한다고 했다.

한국에서 독일로 어렸을 때 유학을 가서 독일에서 학창 시절을 보낸 한 학생은 말했다.

"독일 초등학교는 12시면 끝나요. 학교가 끝나면 대부분 집에 바로 와서 숙제를 일찍 끝내고 놀았어요. 독일에서의 어린 시절은 자유로움 그 자체였다 할까요. 친구들이랑 자전거 타고 돌아다니거나, 축구하고, 게임하고 놀았어요. 독일은 자연이 많으니깐 같이 숲 속에서 논 적도 많고요. 주변에 학교 끝나고 학원가는 애들은 한국 학생들뿐이에요. 뭐, 독일에선 학원 자체가 한국인들이 운영하는 거 밖

21

에 없어요."

그는 한국 사회는 학생들에게 너무 많은 것을 하도록 강요하는 것
같다고 한숨을 지었다.

최고점보다 중간 점수를
선호하는 사회

독일 학교는 성적을 최고점인 1점에서 최하점인 6점으로 구분하는
절대평가 시스템을 채택하고 있다. 그마저도 과목마다 평가를 하고 총
합계로 성적표가 나오지 않기 때문에 학생들을 성적순으로 줄 세워 서
로 비교할 수조차 없다.

다만 주요 과목에서 평점이 5점 이하면 유급이 되기 때문에 대부분
의 학생들이 5점과 6점을 피하기 위해서 공부한다. 수업 내용은 잘하
는 학생들이 아니라 3, 4점을 맞는 평균 학생들 위주로 짜여 있고, 교사
들도 이런 학생들에게 맞추어 수업을 계획하고 진행한다.

독일에서는 3점을 '비프리디겐트Befriedigend'라고 하는데 '만족한'이
란 의미이다. 그리고 4점은 '아우스라이헨트Ausreichend'로 '충분한'이란
의미이다. 우리나라 수, 우, 미, 양, 가 시스템에 대비해 보았을 때 '미,
양'인데, 이를 충분하다거나 만족하다고 생각하는 한국 학부모는 하나

도 없을 것이다.

그렇다고 1점을 맞는 학생이 많은 것도 아니다. 독일에서는 학생들이 교우 관계나 여가 시간을 포기하면서 얻는 최고 성적은 삶의 균형이란 측면에서 긍정적으로 평가하지 않는다. 오히려 최고점인 1점을 계속해서 맞는 학생은 교사가 그 수업에 맞지 않다고 평가해 자신의 재량으로 월반을 시키기 때문에, 학생 입장에서는 선생님과 친구들과 계속 그 수업을 듣고 싶다면 1점을 맞지 않는 편이 낫다. 상대평가로 줄세우는 시스템이 없으니 아이들은 친구들과 경쟁 없이 온전히 내면의 동기로 공부를 한다.

독일에서 두 아이를 공부시킨 경험을 담은 책인 박성숙 작가의 《꼴찌도 행복한 교실》에서 독일에선 최고 점수인 1점이 아닌 그 아래 점수인 2점이 가장 '이상적인 점수'라고 한 내용이 인상적이다. 2점은 모든 학생들이 학교 수업만 착실히 따라가면 받을 수 있는 점수이자 독일 학교와 교사 그리고 학생을 뽑는 기업에서조차 가장 선호하는 점수란다.

이 책의 저자는 독일 학교 제도가 "세상을 바꿀 수 있는 뛰어난 엘리트보다 사회의 구성원으로 원만하게 조화를 이룰 수 있는 사람을 길러내는 데 초점을 맞추고 있다."고 분석을 했다.[1]

이러한 관점에서 나는 독일 교육을 '사회적 합의에 의해 걸러지고

---

1   박성숙,《꼴찌도 행복한 교실》(2010), 21세기북스, 27~28쪽

만들어진 구조에 나의 위치를 잘 찾을 수 있도록 설계된 효율적인 제도'라고 정의하고 싶다. 더 자세하게 설명하겠지만 독일 교육이야 말로 "이 사회에서 내가 맡은 부분이 무엇인가?"라는 질문을 학생과 학부모에게 주고, 학생이 학문적으로든 직업적으로든 자신의 적성과 흥미에 맞는 일을 찾아 책임감을 가지고 최선을 다하도록 유도하는 데 효율적인 시스템이기 때문이다.

공동체를 위한 공부

요즘 한국 사회는 흙수저 금수저로 대표되는 사회의 양극화와 부의 편중 현상 문제, 그중에서도 부모의 사회경제적 격차에 따라 나타나는 아이들의 교육 격차 문제에 대한 논의가 제기되고 있다. 공교육의 몰락과 과열된 사교육 시장, 복잡해진 입시 제도 그리고 '개천에서 용 나오는 시대'의 마지막 산물이었던 사법고시의 폐지 논란까지 교육과 관련된 다양한 이슈들로 뜨겁다.

그런데 독일 교육에 대해 배우면서 한국 사회의 이런 교육적 이슈들을 둘러싼 논쟁의 근간에는 바로 '공부를 잘해야만 성공할 수 있다'고 하는 가정이 있다는 것을 깨닫게 되었다. 한국 사회는 공부가 좋은 직업을 얻고 사회적으로 인정을 받기 위한 유일한 '사다리'라는 생각이 강하게 자리 잡고 있다.

서울대 혹은 인서울 대학에 들어가기 위해 학부모와 아이들이 입시에 매진하는 현상과 아이들이 무한 경쟁 교육제도에서 벗어나게 하려면 서울대를 없애야 한다는 극단적인 주장은 동전의 양면이란 생각이 든다. 바로 '공부=성공'이라는 암묵적인 가정이 한국 사회의 사고 근간을 사로잡고 있어, 우리는 인식하지도 못하는 사이에 교육 문제의 해법도 이 사고의 테두리 안에서 찾고 있다.

독일 친구들과 옥스퍼드에서 만난 독일 교육을 전공한 학자들과 대화를 해 보니 독일 사회에서는 아이들이 공부해야지만 성공을 한다는 사고 자체가 한국에 비해서는 '없는 것이나' 마찬가지라 한다. 그리고 독일 교육은 '성공을 위한 공부' 대신 '공동체를 위한 공부'를 선호한다는 것이다.

독일에서 오랫동안 산 영국 친구는 독일 사회를 이렇게 묘사했다.

"독일은 나라가 전체적으로 강해. 이 나라는 개인주의가 거의 없어서 혹자는 독일을 비유해 '개미 사회Ants Society'라고도 하지. 독일 사람들은 '나를 위한 사회'가 아니라, '사회를 위한 나'라는 생각이 강하거든. 그래서인지 미국이나 영국 기업에서 강조하는 혁신이나 창조, 새로운 것에 대한 동경 이런 요소들은 부족해.

하지만 그 대신 모든 면에서 기초foundation가 강한 나라야. 제조업을 비롯한 기초산업이 굉장히 세고, 기술 분야에서는 전통적인 방법에 대한 존경과 장인 정신이 살아 있어. '우리가 하던 대로만, 쭉 잘하면 된다'가 기본적인 생각이야. 독일에서는 집 만드는 데 시간이 오래 걸리는데 기초공사를 오래하기 때문이지."

이런 사회적 인식이 독일 공교육에도 투사되어 있다. 독일 사회의 단단한 단결력을 유지하려면 개인들은 사회 시스템 안에서 저마다 맡은 역할을 제대로 해내야 한다. 그래서 독일 학교와 교육에서는 개인이 자신에게 맞는 역할을 찾아가는 것을 교육 목표로 삼고 있다.

옥스퍼드 대학에서 만난 독일 친구 세바스찬은 독일에서 고등학교까지 졸업하고 영국 옥스퍼드로 유학 온 학생으로, 한국에서 고등학교를 마치고 온 나와 비슷한 배경을 가졌고 전공도 같아서 대학 1학년부터 졸업할 때까지 친하게 지냈다. 세바스찬과는 독일과 한국의 교육에 대해 종종 이야기를 나누곤 했다.

내가 한국 학교의 심한 경쟁, 주입식 교육과 치열한 대학 입시가 싫어서 옥스퍼드로 왔다고 하니 세바스찬은 고개를 갸우뚱거렸다.

"나는 반대 케이스인데. 독일 학교는 너무 심심하고 쉬웠어."

그 당시에는 세바스찬이 너무 똑똑해서 학교 공부가 쉬웠나 보다 하고 넘어갔다. 그런데 비교교육학을 공부하면서 독일 교육에 대해 배우고 보니, 그때 세바스찬이 한 말의 의미를 뒤늦게 이해할 수 있었다. 그는 평균 지향적이고 공동체 지향적인 독일 공교육을 우회적으로 비판했던 것이다.

이처럼 독일은 영국과 같은 유럽에 위치해 있지만 문화나 교육철학은 개인보다는 공동체를 우선시한다. 물론 이것이 변질되어 게르만 민족주의 및 전체주의를 필두로 한 나치즘이라는 역사적으로 지울 수 없는 큰 오점을 남겼다. 이런 일이 다시 일어나지 않도록 역사 교육 등에 신경을 쓰고 있지만 독일 사회에는 아직까지도 영국과 같은 개인주의가 발 디딜 틈이 없는 것은 분명하다.

5학년 때 진로가 결정되는
독일의 학제

독일 아이들은 한국 나이로 만 6살이 되면 그룬트슐레Grundschule라
고 불리는 초등학교에 진학하여 1학년부터 4학년까지 다닌다. 독일 교
육의 가장 큰 특징은 그룬트슐레를 마친 중등교육부터 드러난다.

독일의 중등학교는 3가지로 구분된다. 학문적 교육을 중시하는 9년
과정의 김나지움Gymnasium, 직업교육을 하는 5년 과정의 하웁트슐레
Hauptschule, 6년 과정의 레알슐레Realschule로 나누어진다. 초등학교를 졸
업하기 전 담임선생님은 학생의 지능, 취향, 성격 등을 고려해 학부모
들과 상의를 해서 어느 학교로 진학할지를 결정하게 된다.

교권에 대한 불신이 심각해지고 있는 한국에서와는 달리 독일에서
는 대부분의 학부모들이 담임선생님의 의견에 따르는 편이다. 독일 초
등학교에선 1학년부터 4학년까지 담임선생님이 바뀌지 않기 때문에
부모들은 선생님이 아이에 대해 정확하게 파악하고 있다고 신뢰한다.

레알슐레에서는 6년 과정을 수료하고 졸업 시험에 합격하게 되면
미틀러레 라이페Mittlere Reife라는 학력 증서를 받게 되는데, 이 증서를
가지고 졸업생들은 은행, 경찰, 공무원, 비서, 이공계 기능직과 같은 사

27

무직이나 행정직에 지원할 수 있다.

하웁트슐레를 졸업하게 되면 하웁트슐압슈르스Hauptschulabschluss라는 증서를 받고, 앞에서 언급한 레알슐레 졸업자들이 지원하는 사무직 및 행정직을 제외한 대부분의 기능직에 지원할 수 있는 자격을 부여받게 된다.

김나지움은 한국의 인문계 중고등학교와 비교해 생각하면 쉽다. 김나지움 과정을 수료하고 졸업 시험에 합격한 학생들은 아비투어Abitur라는 학력 증서를 받게 된다. 아비투어는 일종의 독일 수능인 셈이다. 하지만 한국에서는 수능 점수에 따라 지원할 수 있는 대학이 달라지는 반면에 독일의 대학 입시에서 아비투어는 학생의 대학에서 수학할 수 있는 능력을 보증해 주는 일종의 '증서'일 뿐이다.

독일에서 대학 입시는 16개의 주 별로 차이가 나긴 하지만 기본적으로 김나지움에서 마지막 2학년 간의 내신 성적과 졸업 시험인 아비투어 점수로 산출된다. 졸업 시험을 위해서는 모국어인 독일어와 영어 및 불어 등 제2외국어를 포함하는 언어 영역과 수학, 물리, 화학, 생물 과목과 같은 자연과학 영역 그리고 역사, 지리 과목 등을 포괄하는 사회과학 영역, 이 세 가지 영역에서 네 과목을 선택하여 보게 된다.

우리나라에서는 통상적으로 중요 과목이라고 여겨지는 국어와 영어, 수학에 대해 모든 학생들이 똑같이 중점을 두고 공부를 하는 반면에, 독일 학생들은 자신의 흥미와 재량에 따라 시험 과목을 선택할 수 있다.

또한 졸업 시험에 합격해서 아비투어를 받게 되면 자신이 원하는 학교에 지원서를 낼 수 있다. 간혹 전공하고 싶은 과목이 있는 유명한 대학이나 대도시에 있는 대학에 지원하는 학생들도 있지만, 대부분의 학생들은 자신이 사는 지역 대학을 지원하여 진학한다. 그리고 입학생 수를 제한하는 일부 과목을 제외하곤 대부분의 학생이 대학 지원과 함께 입학 허가서를 받게 된다.

하웁트슐레를 졸업한 학생 중에서도 자신이 사무직이나 행정직에 근무하고 싶다는 마음이 생기면 레알슐레로 편입을 해서 다시 졸업 시험을 치르면 된다. 6년 과정인 레알슐레에 간 학생들도 학문적으로 더 공부하고 싶어지면 레알슐레 졸업 후 김나지움에 편입을 할 수 있다.

옥스퍼드 대학에서 내 박사 논문을 심사한 교수들 중 한 분이 독일인이었는데, 이분도 원래는 레알슐레에 다니다가 중간에 학문에 대해 눈을 뜨게 되서 김나지움에 편입한 후 대학을 진학해 박사 과정까지 공부를 하고 영국 옥스퍼드 교수까지 되신 분이었다. 이 교수님은 자신의 경험을 살려 독일의 직업교육과 다른 유럽 국가들의 직업교육을 비교하는 연구를 열정적으로 진행하셨는데, 내가 독일 직업교육에 대한 흥미를 갖게 된 것도 이분의 영향 덕분이었다.

물론 어린 시절부터 이렇게 학교를 구분하는 것이 학생들의 잠재력을 제한하고 교육 기회를 박탈한다는 비판이 독일 교육계에서 꾸준히 제기되고 있다. 그래서 이에 대한 대안으로 1970년부터 독일에서는 실험적으로 5학년부터 10학년까지의 과정을 교육하는 종합학교Gesamt-schule를 설립하여 하우프트슐레, 레알슐레, 김나지움으로 나누는 전통적 학제를 개혁하는 등의 시도도 하고 있다. 하지만 이런 개혁적인 시도에도 불구하고 전통적인 3부 학제 제도Tripartite System는 여전히 존속되고 있고, 대부분의 독일인들도 이에 대해 큰 이의를 제기하지 않는다.

독일에는
엘리트 대학이 없다

대학 서열이 분명하게 나뉘어 엘리트 대학이 존재하는 한국이나 미국, 영국과는 달리 독일의 대학은 모두 평등하다. 여기서 '평등하다'는 의미는 한국에서처럼 수능을 대표로 하는 고등학교 시험 성적을 가지고 어떤 대학을 갈 수 있는가가 정해지지 않는다는 것이고, 또 어느 대학을 나왔느냐에 따라서 그 학생의 능력에 대한 평가가 이뤄지지 않는다는 것이다.

하이델베르크 대학처럼 그 대학이 위치한 도시 및 지역의 역사적 문화적 배경 때문에 신학 혹은 역사학에서 유명한 대학이 있기는 하지만, 절대적으로 모든 과목에서 뛰어나며, 유명하고 성공한 사람들이 많이 졸업한 엘리트 대학은 존재하지 않는다.

옥스퍼드대를 다닐 때 독일에서 유학 온 대학원생들은 다른 학생들이 어느 대학을 나왔는지 별로 관심도 없고 물어보지도 않았다. 서울대, 하버드대를 나온 소위 엘리트 대학 출신이 다수를 차지하는 한국과 미국 유학생들 사이에서는 독일 유학생들의 이러한 태도가 적지 않은 충격이었다.

"그럼 너희들은 옥스퍼드까지 왜 유학을 왔니?"라고 물었을 때 독일 학생들의 대답은 단순했다. "이 분야 연구하려고…." "재정 지원을 받았거든…." "학회에서 만났던 교수가 여기에 근무해서 소개를 받았어." 등으로 엘리트 의식보다는 자신의 전문 분야에 대한 관심에서 유학을 선택했다.

옥스퍼드에서 친하게 지냈던 독일계 한국인 친구 한 명은 다른 나라의 엘리트 대학 문화를 비꼬면서 다음과 같은 역설적인 이야기를 했다.

"누나, 독일 교육의 단점이 뭔지 알아? 독일에서 평생 살 거면 아무 상관없는데, 외국 가면 대학 졸업장을 가지고 으스댈 수가 없다는 거야! 미국, 영국, 한국에서 온 애들은 자기가 어느 대학 나왔다고 얘기하면서 은근 슬쩍 자랑하고 끼리끼리 뭉치잖아. 독일 대학 졸업장으로 뻐기면 오히려 내가 이상한 사람이 되어 버려. 하하하."

하지만 대학 간의 차별이 없다고 해서 대학 공부가 쉬운 것은 절대 아니다. 아비투어 증서를 받은 사람은 자연과학이나 인문 사회를 막론하고 자기가 원하는 대학에 '쉽게' 입학할 수 있지만 '쉽게' 졸업할 수는 없다.

하이델베르크에서 살면서 만났던 독일 대학생들은 하나같이 자기가 선택한 과에 대한 공부를 열심히 했다. 물론 처음에 선택한 과가 적성에 맞지 않아 전과를 하는 학생들도 종종 있었지만, 일단 대학을 졸업하기로 마음을 먹은 이상은 학과 시험 자체가 어렵기 때문에 성실히

할 수밖에 없었다.

독일 대학생들이나 한국의 대학생들이나 열심히 사는 모습은 매한가지였지만, 내가 특별히 부러웠던 부분은 독일의 대학생들은 열심히 공부'만' 하면 된다는 것이었다. 왜냐하면 정부에서 대학생들에 대한 모든 학비를 제공해 주기 때문에 독일의 학생들은 공부를 하기 위해서 돈을 쓸 필요가 없다.

대학이든 대학원이든 일단 학습에 대한 모든 비용은 정부에서 부담한다. 하지만 졸업을 엄격하게 관리함으로써 정부도 이로 인한 도덕적 해이moral hazard를 방지하고자 한다. 물론 만년 대학생 혹은 대학원생인 독일 청년들도 만났지만 대부분 독일 청년들은 오히려 이 '잉여 기간'을 자신의 적성을 찾는 소중한 기회로 사용하는 듯 보였다.

한국, 세계에서 가장 높은 대학 진학률의 그림자

석사 과정 동안 프랑스 파리에 있는 경제협력개발기구인 OECD 본부를 방문해서 세미나에 참석할 기회가 있었다. 그때 세미나 담당자가 선진국의 고등교육 및 R&D 지표에 대한 통계를 비교하면서 한국이 고등교육 진학률이 82.3퍼센트라면서 전 세계에서 가장 높다고 설명했다. 그 순간 나는 자랑스러움에 어깨를 들썩거렸었다.

그런데 박사 과정을 졸업 후 한국에 돌아와서 이 통계 수치 뒤에 숨어 있는 그림자를 보게 되었다. 전 세계에서 가장 높은 대학 진학률을 자랑하는 대한민국의 고등교육 현실 뒤에는 어려운 가정 형편에도 불구하고 대학에 진학하여 대학생 때부터 학비를 대느라 빚을 내고, 공부하기도 모자라는 시간에 생활비를 벌기 위해 과외를 비롯한 알바에 허덕이는 청년들이 있었다.

대학 때 학자금으로 빌린 돈을 갚기 위해 생활고에 허덕이다가 결국 자살을 택한 청년의 뉴스를 접했던 순간, 그 청년의 안타까운 사정에도 마음이 아팠지만 내 안에는 이런 질문이 떠올랐다.

'누가 이런 시스템을 만들었을까? 왜 집안이 어려움에도 불구하고 대학을 가야 한다고 생각했을까? 대학 졸업장이 없으면 제대로 된 일자리를 얻을 수 없다는 사회적 구조와 문화적 통념 때문이 아닐까?'

한국의 높은 고등교육 진학률 통계 수치의 어두운 이면에는 자녀 교육을 위해 희생하는 가정 경제, 그리고 고용 시장에 진입하기 위해 무리해서라도 가져야 하는 '대학 졸업장'이 자리 잡고 있었다.

독일 학생들은 반드시 대학을 가야지만 일자리를 구할 수 있다는 생각 자체가 없다. 왜냐하면 독일에는 대학을 가지 않아도 가질 수 있는 일자리가 많이 있다. 예를 들면 자동차 기술자, 배관공 등과 같은 직업들은 학문보다 기술적인 훈련이 중요한 분야이기 때문에 대학 졸업장이 없어도 직업교육을 통해 기술을 습득할 수 있고, 일에 대한 경제적인 보상도 높다.

이는 독일의 경제구조와도 많은 연관을 가지고 있다. 이런 기술직 자체가 독일 경제를 지탱하고 있는 수많은 중소기업의 바탕이 된다. 이중에서는 대대로 직업 및 사업을 이어받는 가족 회사도 많기 때문에 이런 직종에 대한 사회적 존경도 한국에서와는 비교도 안 되게 높은 편이다.

다른 말로 하면, 독일에서는 경제적 보상도 높고 사회적으로도 존경 받을 수 있는 좋은 직업을 대학 졸업장 없이도 선택할 수 있는 기회가 많다. 따라서 이런 기회를 제공해 주는 직업교육을 국민들이 선호하고, 그에 대한 투자도 활발하게 이뤄지고 있다.

물론 독일에서도 소위 '사' 자가 들어가는 직업인 변호사, 의사, 교사 가 되기 위해서는 다른 나라 못지않게 힘든 학문적 훈련 및 교육을 받아야 하고 자격을 얻기까지 오랜 시간이 걸린다. 하지만 한국에서처럼 이런 직업군에 대한 절대적인 사회적 선망 및 존경이 존재하지 않는다. 부모도 사회도 이 '사' 자 들어간 직업을 갖는 것을 절대적으로 선호하지 않는다. 그래서 학생들이 오히려 자유롭게 자신들의 적성에 맞게 직업교육을 선택할 수 있다.

어떤 직업을 가져도
지속 가능한 삶

독일 교육에 대한 전문가 의견을 구하기 위해 인터뷰를 진행하면서 한국 사회와 독일 사회가 가지고 있는 구조적인 차이가 더 선명하게 다가왔다. 가장 큰 차이점은 독일에서는 한 개인이 직업교육 과정을 선택하더라도 지속 가능한 삶이 가능하다는 것이었다.

지속 가능한 삶이란 무엇인가? 쉽게 설명하면 독일 학생이 직업교육 학교를 졸업하고 직업 훈련을 거쳐 중소기업에 취직을 해서 일을 한다고 가정했을 때, 자신의 직장에서 받는 월급으로 평생 동안 생활이 가능하다는 의미이다.

독일에서는 기본적으로 연금과 건강 보험 같은 사회 보장이 튼튼하기 때문에 평생 동안 한 개인이 큰 목돈을 마련하지 않는다고 하더라도 충분히 다달이 들어오는 월급을 가지고 안정적인 삶을 영위할 수 있는 환경이 보장된다.

하지만 한국의 경우는 어떠한가? 한 개인이 직업교육을 받고 중소기업에 취직을 해서 안정적인 삶을 꿈꿀 수 있을까? 불안한 고용 환경과 저임금 문제는 둘째 치고 지금도 뉴스에서 심심치 않게 나오는 안전 관련한 사건 사고들을 보면 알 수 있듯이 우선 중소기업 사업장의 작업환경 자체가 좋지 않다. 어느 부모가 자식이 그런 환경에서 평생 일하길 원하겠는가!

사회적 인식을 떠나서 직업교육을 거쳐 들어갈 수 있는 작업장의 환경 및 그 직업을 받쳐 주는 사회 안전망에 대한 개인의 신뢰가 없기 때문에, 학부모들과 학생들이 직업교육을 선호하지 않게 되는 것이다. 따라서 한국 사회의 절대적인 인문계 선호는 이런 사회, 경제적 구조를 따져 보았을 때는 학부모의 합리적인 선택에 따른 것이라 할 수밖에 없다.

  반면 독일에서는 직업교육이 경제구조 및 역사와 밀접한 연관을 가지고 발전해 왔다. 오랫동안 동업 조합의 형태로 활동을 해 오던 독일의 옛 수공업자들은 19세기 초반 불어닥친 산업화와 1810년 도입된 영업 자유령으로 위기를 맞이했는데, 이를 기회로 만든 것이 바로 비스마르크의 전략이었다.

  외부로는 프랑스와 같은 다른 국가들과 경쟁을 하고, 내부적으로는 독일 민족을 연합해야 했던 비스마르크는 수공업자들의 요구를 받아들여, 이들과 장인들을 교사로 채용하여 직업인들을 양성하는 근대 실업학교 제도를 만들었고, 이는 국가와 기업, 노조가 협력하여 오히려 도제 제도를 부흥하게 한 근대 독일식 직업 제도의 기원이 되었다. 이런 역사적 전통에 의해 발전된 독일식 직업 제도는 특히 20세기 산업화와 함께 독일 산업을 일으키는 견인차 역할을 했다.[2]

  이 핵심에 있는 것이 몇 년 전 우리나라의 대통령이 '마이스터 고교'라는 이름으로 독일식 직업교육을 모방하여 화제가 되었던 그 '마이스터Meister'이다.

독일 직업교육의 핵심,
마이스터

독일에서 '마이스터'는 독일 제조업 경쟁력의 원천으로서, 그 분야의 고도로 숙련된 기술자 혹은 장인을 지칭한다. 독일에서 마이스터가 되기 위해서는 혹독한 수련 과정을 거쳐야 하는데, 이를 위해선 앞서 언급한 5년 혹은 6년 과정의 직업학교 정규교육을 마치고 아우스빌둥 Ausbildung이라고 불리는 3년 동안 추가적인 직업교육을 받아야 한다. 이 때는 교육보다는 훈련이라는 표현이 더 어울릴 듯싶다.

이 시기 학생들은 정식으로 직장에 취직을 해서 현장 훈련을 주로 하고, 학교에는 일주일에 두 번 정도만 방문해서 이론 수업을 받는다. 이렇게 훈련을 받는 학생들은 '레어링Lehrling' 혹은 '아쭈비Auszubildende'라고 불리는데, 견습생이기 때문에 3년 동안 교통비 정도의 최소한의 경비만 지급받는다.

독일에서는 마이스터만이 이런 직업 훈련을 시킬 수 있는 자격이 있기 때문에, 그 분야의 마이스터가 운영하거나 혹은 마이스터를 채용한 기업만이 학생들을 채용할 수 있다.

학생들은 아우스빌둥 기간 동안 도제 교육 형식으로 마이스터 밑에서 궂은일을 해 가며 기술에 대한 훈련뿐만 아니라 자신의 임무를 다하는 책임감도 배우게 된다. 은행원, 공무원, 판매원, 제빵사, 안경사, 유치원 교사, 원예사, 간호사 등 13개 분야에서 350여 종의 직업에 종사하는 기술자들이 이와 같은 과정을 거쳐 배출된다.[3]

직업에 따라 명칭이 좀 달라지기는 하지만 이런 3년간의 견습 훈련 후 졸업 시험을 통과한 사람들은 수공업협회에서 발행하는 게젤레Ge-selle라는 자격을 얻게 된다.

마이스터가 되려면 게젤레 자격을 얻은 후에도 독일 상공회의소나 공예회의소의 주관 아래 운영되는 직업 훈련을 3년 동안 현장에서 받아야 한다. 그리고 자신의 전공뿐 아니라 경제, 법률, 교육, 전문 과정 등 4개 과목의 시험까지 통과해야 마이스터로 인정받는다. 앞서 언급했듯이 마이스터만이 견습생을 훈련시킬 수 있는 권한이 있기 때문에 이를 위해 교육학도 배워야 한다.

이렇게 혹독한 교육 및 훈련을 거쳐 된 마이스터이기 때문에 자신의 직업에 대한 긍지와 자부심이 대단할 뿐만 아니라 그들의 직업 정신 또한 투철하다.

메르세데스 벤츠, BMW, 지멘스 같이 세계적으로 유명한 독일 제조업의 자부심은 마이스터로 대표되는 독일의 장인 정신에서 비롯된다. 그뿐만 아니라 우리나라가 선망하고 배우려고 하는 중소기업의 힘도 마이스터들의 기술력에 바탕을 하고 있다 해도 지나친 말이 아닐 것이다. 그래서 독일에서 마이스터는 김나지움 및 대학을 졸업하고 일하는 사람들 못지않게 좋은 연봉을 받으며 사회적으로도 인정받고 있다.

독일의 마이스터 제도 및 직업교육 제도를 한국 정부에서 마이스터

고교라는 정책을 도입했을 때 나는 솔직히 비교교육학자로서 안타까
웠다. 독일의 마이스터 제도는 이러한 역사적, 경제적, 사회적 배경으
로 탄생하고 발전한 것인데, 이런 맥락을 고려하지 않고 제도만 가져온
다는 것은 본질을 도외시하고 껍데기만 수용하는 것이기 때문이다.

비교교육학에서 학문적으로 전 세계의 교육제도 및 시스템을 비교
하면서 내린 가장 큰 결론은, 아이러니컬하게도 '비교할 수 없다'라는
사실이다. 비교교육학을 학문으로 정립시킨 영국의 교육학자 마이클
새들러Michael Sadler는 이에 대해서 다음과 같이 문학적으로 표현했다.

> "우리는 정원을 산책하는 어린아이처럼 전 세계의 교육제도들을 둘러보
> 면서 마음대로 궁금해 할 수 없습니다. 이건 마치 다른 집의 덤불 속에서
> 꽃과 잎을 뽑아서 우리 집의 토양에 심으면 똑같이 아름답고 생명력 있
> 는 꽃을 보게 될 거라 기대하는 것과 다를 바 없습니다. (We cannot
> wonder at pleasure among the educational systems of the world, like a
> child strolling through a garden, and pick off a flower from one bush
> and some leaves from another, and then expect that if we stick what we
> have gathered into the soil at home, we shall have a living plant.)" [4]

이와 같이 결국 한 나라의 문화, 역사, 사회적 전통과 토양에 대한 이

---

[4]   Sadler, M., 〈How far can we learn anything of practical value from the study of
foreign systems of education?〉(1900)

해 없이 경제적, 정치적 필요에 의해 다른 나라에 이식하거나 모방한 교육제도나 정책, 프로그램(혹은 학교)은 원래 본 나라에서 의도한 바와 같이 실행 혹은 발전될 수 없다.

그래서 나는 우리나라의 마이스터 고교 사례를 보면서 안타까운 마음이었다. 마이스터라는 단어 대신 우리나라 고유의 단어를 선택하고 우리나라가 처한 경제적 상황이나 구조, 일자리 정책을 고려해 제도에 반영하였다면 이 교육정책의 의도가 더욱더 설득력 있었을 것이다.

왜냐하면 독일의 직업 교육과 직업학교는 그 나라의 사회, 문화, 경제, 정치적 전통과 토양 속에서 발전된 것이기 때문에 아무리 독일에서 성공적으로 뿌리 내린 시스템이라고 하더라도 한국에 이식한 순간, 새들러가 지적한 바처럼 그 생명력을 잃어버릴 것이 틀림없기 때문이다. 결국 한국이 안고 있는 교육과 직업의 괴리는 한국의 전통과 문화적 토양을 공부해야만 그 해결책을 찾을 수 있다고 본다.

18세면 독립을 하는
독일 아이들

독일의 이런 교육제도들은 어떠한 철학적 기반으로 만들어졌을까? 이 질문을 던져 보면서, 나는 독일 교육제도 및 학교의 이면에 존재하는 여러 가지 사회적 합의에 대해 알아보고자 했다. 이는 교육과 직업에 대해 이 나라 사람들이 가지고 있는 생각이자 조금 더 확장한다면 '인생을 살아가는 방식'에 대해 부모와 자녀들이 합의하고 받아들인 생각이라고 표현할 수 있을 것 같다.

독일에선 많은 서양 국가들이 그러하듯이 부모들이 자녀 양육에 있어서 가장 큰 가치를 부여하는 부분이 자녀의 독립심을 키워 주는 것이다. 독일에선 18세만 되면 법적인 독립이 이루어지기 때문에 대부분의 부모들이 자녀가 18세가 될 때까지 자녀들이 스스로 살아갈 수 있는 방법을 찾아 주고 그 능력을 키워 주는 것을 자신의 책임이라고 여긴다. 즉 독일 사회에서 양육의 핵심은 18세 전에 학문적 교육이든 직업교육이든 간에 일찍 자녀의 적성과 재능을 발견하게 하고 이를 직업과 연결시켜 주는 것에 있는 듯하다.

그래서 대부분의 독일 학생들은 18세가 되어 대학이나 직업 현장에 들어가면서 재정적 독립을 이루려고 노력을 한다. 이는 비단 재정적 독립뿐 아니라 한 명의 사회인으로의 사회적, 정서적인 독립을 의미한다. 이런 독립을 위해 18세까지 학교와 가정에서 '나'라는 주체가 사회 현장에 뛰어들어 가기 위한 준비와 '연습'을 하는 기간으로 보는 관점이 강하다.

내가 유럽에서 처음으로 보냈던 크리스마스 휴가 때 만난 독일 가정의 경우도 그랬다. 옥스퍼드에서 처음으로 맞게 된 크리스마스 휴가 때 나는 평소 친하게 지내던 일본 친구의 소개로 만하임Mannheim에 살고 있는 독일 가정에서 일주일을 보내게 되었다.

목사인 아버지와 가정주부인 어머니 사이에는 입양한 딸을 비롯해

41

5명의 자녀가 있는 대가족이었다. 가족들은 15살 막내인 바바라를 제외하곤 모두가 자립해서 집을 떠나 살고 있었다. 둘째 아들 칼은 재즈 색소폰 연주자였는데 마을에 있는 바에서 연주를 하거나 같은 주州 안에 공연을 다니면서도 부모님과 따로 독립해서 살았고, 첫째 딸인 한나도 집에서 30분 거리가 채 안 되는 대학원에 다니면서도 대학 기숙사에 독립해서 살고 있었다.

같은 주에 살면서도 뿔뿔이 독립해 살고 있는 가족들은 전통적인 유럽 명절인 크리스마스나 부활절 휴가에만 모이곤 했는데, 그나마도 크리스마스이브와 크리스마스 당일에만 온 가족이 식사를 했지 일주일 내내 자녀들은 자신의 스케줄에 따라 움직였다.

매우 활달한 성격 탓에 금세 친해졌던 칼과 주로 이야기를 많이 나누었는데, 영어를 잘하진 못했지만 투박한 독일식 악센트로 자신의 부모에 대해 말했던 것이 인상적이었다.

"나는 부모님께 많이 감사해. 내가 어린 나이부터 밴드 생활을 하면서 학교도 제대로 안 가고 말썽을 많이 부렸거든. 걱정이 많이 되셨을 텐데도 표현 안 하고 묵묵히 기다려 주셨어. 덕분에 늦은 나이지만 다시 학교에 돌아가서 졸업도 하고 연주 생활도 꾸준히 이어 나갈 수 있었어. 그 과정에서 나를 찾았어(I found myself)."

후에 독일 교육철학의 핵심인 '빌둥Bildung'에 대해 공부하면서 칼의 말이 떠올랐다. 칼이 부모님에 대해 투박한 영어로 묘사하면서 언급한 '나를 찾는 과정'이 바로 빌둥이 의미하는 바가 아닌가 하는 생각이 들었기 때문이다.

독일의 교육철학,
빌둥

독일의 교육철학을 정의하는 빌둥은 한국말로는 '교양'이라고 번역되지만 이보다는 더 광범위한 개념이다. 자신이 처한 상황 속에서 한 사람이 겪는 사회적, 정서적인 성장을 의미한다.

하이데거가 《존재와 시간》에서 설명한 '세계 내 존재'라는 표현을 주목하면 이해하기가 쉽다. 개인이 태어나서 한 성숙한 인간으로 성장해 나가는 과정은 끊임없이 '나'라는 존재와 나를 둘러싼 세계가 요구하는 문화적인 맥락과 신념 사이에서 타협해 나가는 과정이다.

변증법으로 유명한 독일의 철학자 헤겔도 빌둥을 설명하면서, 개인이 지금까지 가졌던 신념이나 관점이 어떠한 사건이나 사람에 의해서 도전을 받으며 크게 고민하고 번뇌하는 시간을 통해서 자신과 사회에 대한 재통합과 발전을 이루는 '과정' 그 자체라고 설명을 했다.

독일의 대문호 괴테의 《빌헬름 마이스터의 수업 시대》라는 소설을 보면 빌헬름이라는 청년이 성장해 나가는 이야기를 통해 빌둥의 개념을 더 구체적으로 이해할 수 있다. 소설의 주인공인 빌헬름은 유복한 상인의 아들이었으나, 연극에 빠져서 유랑 극단을 따라간다. 이것을 계기로 빌헬름은 넓은 세상으로 던져져서 갖가지 인간관계에 휩쓸리게 되고, 많은 실패를 거듭하면서 인생의 여러 가지 모습들을 경험하게 된다. 괴테는 이 실패의 과정을 거치며 빌헬름이 한 사람의 주체적 인간으로 성장해 나가는 과정에 주목한다.

빌둥에 의하면 처음부터 고고한 인격을 가지고 주어진 학문에 정진하고 시험을 통과하여 국가에 봉사하는 '수신제가치국평천하修身齊家治國平天下'적인 인간은 존재하지 않는다는 전제를 가진다.

그저 빌헬름처럼 자신이 느끼는 열정을 따라 새로운 분야에 도전하지만 그곳에서 생각지도 못한 어려움과 추악한 인간의 모습을 발견하기도 하고, 자신 및 자신을 둘러싼 세계에 대해서 실망하기도 하지만 그래도 실패에 절망하지 않고 계속 나아가는 인간으로 자신의 존재를 발견한다.

"완성하는 것은 배우는 사람의 일이 아니지. 배우는 사람은 연습하는 것으로 충분해!", "네가 노력하는 만큼 방황하는 법이다. 너의 본성이 이끄는 대로 따라라!"라고 괴테가 소설을 통해 외쳤던 것처럼 말이다.

그렇게 고군분투하는 과정을 통해 인격의 성장이 이루어지고 결국 자신이 살아 내야 하는 사회 속에서의 나의 가치를 발견하고 사회와 타협하는 과정 속에서 사회적인 성숙과 개인의 변화가 성취되는 것이다. 빌헬름이 자신의 자아를 건설해 가는 데 있어 중요한 역할을 담당했던 신비한 조직인 '탑의 결사' 회원이자 빌헬름의 시대가 끝났음을 통보해 준 야르노로부터 받은 조언이 이를 말해 준다.

"처음으로 세상에 나가는 인간이 자기 자신을 굉장한 존재로 생각하고 많은 재능을 습득하려고 하며 무엇이든지 다 가능한 것으로 만들려고 애쓰는 것은 좋은 일이지요. 그러나 그의 형성이 어느 정도의 수준에 이르게 되면, 보다 큰 집단에 들어가 자기 자신을 잃어버리는 것을 배우고 다른 사람들을 위해 사는 것을 익히며 의무에 따라 활동하는 가운데에서 자기 자신을 망각할 줄 아는 것이 유리합니다. 그때가 비로소 그는 자신을 알게 되지요."[5]

나는 이 빌둥의 개념에서 독일 교육의 힘을 발견했다. 독일 교육제도는 OECD의 국제 학업 성취도 평가인 PISAProgram for International Student Assessment 결과에도 나타났듯이 학업적인 면에서는 뒤처져 있는 것처럼 보인다. 독일은 지난 2000년에 처음으로 행해졌던 PISA에서 선진국 중에 최하위 등수를 받았다. 'PISA 쇼크'로 대변되는 결과에 대한 반성으로 광범위하게 단행한 교육개혁의 영향으로 2013년과 2016년 최근 시험에서는 성적이 향상되기는 하였으나 처음으로 모든 영역에서 OECD 평균을 조금 넘었을 뿐이다.

한국과 비교하면 독일의 학력이 부족한 것처럼 보이는 것도 사실이다. 하지만 이것은 어쩌면 당연한 결과이다. 독일의 학생들은 좋은 직업을 얻기 위해 학교와 공부에 목을 매지 않는다. 만약 교수나 변호사처럼 학술적인 능력이 중요한 직업을 희망하는 학생이라면 상급 학교에 진학하기 위해 열심히 공부하지만 대다수의 독일 국민들은 자신의 적성에 맞는 목공이나 엔지니어로, 혹은 교사로 사는 것에 대해 만족하고 사회는 다양한 직업으로서의 삶을 인정하고 존중한다.

요한 볼프강 폰 괴테,《빌헬름 마이스터의 수업 시대》(1999), 민음사

왜냐하면 어떤 직업을 가지든 사회적으로 요구되는 가치와 신념과 타협하고 대화하는 과정 속에서 개인적으로 성장하고 성숙하는 그 과정은 모두 비슷하다고 보기 때문이다. 이는 교육을 학습이 아니라 '되어 가는 과정Bildung'으로 보는 독일인들의 교육철학이기도 하다.

자연스러움을 중요하게 여기는
독일 교육

빌둥의 또 하나의 특성은 바로 '자연스러움'이라고 할 수 있다. 빌둥이 되어 가는 과정에 초점을 맞춘 만큼 교육에서도 인위적으로 혹은 억지로 원하는 결과를 뽑아내려고 하는 경향을 배제한다. 대신 개인이 사회에서 자기가 할 수 있는 일을 찾고 스스로 그것을 발견할 때까지 기다려 주는 과정을 중요시한다.

결과 지향이 아닌 과정 중심적인 교육이 빚어낸 학생들의 모습이야말로 자연스러울 수밖에 없다. 그 나이에 경험해야 할 것을 하고, 고민해야 하는 바를 고민하며, 사회와 이웃들과 관계를 맺는 모습이 자연과 인간의 관계까지 뻗어 나간 것을 독일 사회 곳곳에서 발견할 수 있었다.

하이델베르크에 살 때 독일 마을 주변부에는 영국의 예쁘게 다듬은 정원의 분위기와는 상당히 다른 수풀과 덤불이 가득한 공터가 많았다. 남편과 마을을 돌며 산책을 할 때면 동네 아이들이 나와서 이곳저곳에 위치한 공터에서 놀고 있었다. 스케이트보드를 타면서 돌아다니는 아이들, 친구들과 함께 자전거를 타는 아이들, 타이어 같은 것을 들고 와서 무언가를 하는 아이들. 마을에 놀이터도 따로 있지만 마을 전체가 아이들의 놀이터인 것처럼 아이들은 이런 수풀과 나무가 가득한 공터에서 노는 것이 더 익숙해 보였다.

자연에서 보내는 시간은 어린아이들뿐만 아니라 대학생이 되고 성인이 된 이후에도 독일인들에게 하나의 라이프스타일로 굳어져 있다. 독일에서 만난 사람들과 교류를 하면서 가장 많이 했던 활동이 주변 동산이나 강을 따라 하이킹을 가는 것이었다. 그중에서도 가장 기억에 남는 모임은 교회에서 만난 독일 대학원생들과 함께 하이델베르크 구도심 뒤에 있는 산으로 떠난 하이킹이었다.

우리는 산 입구에 위치한 빵집에서 버터가 들어간 독일식 딱딱한 빵 하나와 샌드위치 그리고 물을 사 배낭에 넣고, 40~50분 정도 산속으로 들어갔다. 그리 높지 않은 산속에서 우리는 500년은 족히 되어 보이는 고목을 만났다. 10명 정도 되는 학생들은 손을 잡고 그 나무 둘레를 빙 둘러쌌다. 남편과 나도 엉겁결에 학생들의 손을 잡고 섰다.

잠시 고목을 올려다보더니 그들은 손을 흔들면서 노래를 부르기 시작했다. 처음 듣는 독일어 노래라 가사를 알아들을 수 없었지만, 그 안에 녹아 있는 의미가 느껴지는 것 같았다. 자연과 나 그리고 이를 주신 조물주를 찬양하는 노래로 느껴졌다.

그날의 강렬한 기억과 기쁨은 생각보다 오래 갔다. 독일 생활 내내 물질적으로는 한국과 비할 바 없이 가난했지만 우리는 한국에 돌아와

47

1년 남짓의 짧은 독일 생활을 늘 그리워했다.

그 그리움은 매일 연구소와 집을 오가면서 만나는 숲길과 주말 농장의 향연, 그 안에서 봤던 독일 아이들과 아저씨 아줌마들의 모습들 그리고 느리지만 그들과 함께 자연 속을 걷던 생활에 잠시나마 익숙해진 탓일 것이다.

대학 졸업장이 없어도
행복한 사회

나는 여러 명의 독일인 혹은 독일에서 교육을 받은 친구들이 있다. 그중에서는 어린 시절 독일 가정에 입양이 되어 성공한 독일 기업의 부사장이 되었다가 그 후 공부를 더 해 유명 대학의 교수가 된 친구도 있고, 아버지를 따라 독일에 가서 공부를 하다가 지금은 의사가 되기 위해 수련을 받고 있는 한국인 친구도 있다.

또 독일 교육이 싫어서 영국으로 대학을 왔으나 결혼 후 독일에 다시 돌아가서 로펌에서 국제 변호사로 일하는 친구도 있고, 곽곽한 한국의 현실이 싫어 대학 때 독일로 유학을 갔다가 직업교육을 받고 지금은 마이스터가 되어 독일에서 사는 친구도 있다.

한국에서는 나이가 모두 달라 친구라고 부르기가 어색하지만 유럽에서 만나 나이와 문화가 달라도 친구로 인연을 이어 갔다. 그런데 이들에게는 공통점이 있다. 하나같이 모두 부모의 직업과 다른 길을 걷고 있다는 것이다. 그들은 스스로 자신의 삶을 결정하는 법에 익숙하고 다른 유럽 친구들과는 달리 굉장히 '현실적'인 안목을 가졌다.

여기서 현실적이라는 말은 자기 자신을 객관적으로 파악할 수 있으며(그들의 언어로는 자기 수준을 잘 알고), 사회적으로 직업적으로 요구되는 기술 및 지식에 대해 정확한 안목을 가지고 있다는 것을 의미한다. 그리고 독일 사회에 대해 비판적인 시각을 가지면서도 타국과 비교 우위에 있는 독일의 경제 및 정치제도에 대한 자부심이 많았다.

물론 개인적인 성향과 취향이 너무나 다르기 때문에 이는 아주 단순하게 파악한 경향성에 불과하며, 어쩌면 여타 유럽 국가에서 만난 사람들과의 비교 혹은 한국 사람들과의 비교를 통해 두드러지게 드러난 특성이라고 할 수도 있겠다.

몇 가지 사례로 성급하게 판단하는 것이 아닌가 하는 위험에도 불구하고 나는 이들에게서 드러나는 특징들이 어느 정도까지는 독일 교육이 주는 영향에서 비롯된다고 감히 말하고 싶다.

독일 가정에서는 자립심을 키워 주는 것이 부모들의 핵심 양육 지침이고, 독일 학교에선 수업 내용과 방식, 그리고 교사와 다른 교우와의 상호 관계를 통해서 학생이 사회의 한 구성원으로서 협동하는 법을 배운다. 또한 제도적으로는 초등학교 졸업 순간부터 인문계 혹은 실업계를 선택해야 하는 경험을 통해 자신의 성향을 어려서부터 파악하고 그에 맞게 준비하는 연습을 하게 된다. 물론 학문 교육 진로와 직업교육 진로를 선택함에 있어서 학생들은 지속적인 자기 성찰 과정을 통해 자신의 진로를 바꿀 수도 있다.

혹자는 너무 어렸을 때부터 학생의 진로를 나누는 독일의 교육제도를 너무 기계적이라고 비판하기도 한다. 특히 그 과정에 영향을 끼칠 수 있는 사회경제적 요소(예를 들면 부모의 경제적 능력과 직업이 자녀들의 선택에 주는 영향)의 차별적인 면에 대해 지적한다. 이 비판은 어느 정도는 설득력이 있다. 실제 독일 학교의 교사들은 많은 경우 중산층 계층의 아이늘은 성적이 현저하게 떨어지지 않는다고 하면 김나지움으로 보내는 편이고, 하움트슐레에 다니는 학생 비율 중 터키를 비롯한 이민자 가정의 아이들이 높은 것이 사실이다.

하지만 이런 부작용에도 불구하고 대부분의 독일 학부모들은 교사들의 권고에 불만을 품지 않고 따른다. 이는 독일 사회 전반에서 교권에 대한 인정과 교사와 학생 그리고 학부모 간의 신뢰가 형성되어 있기 때문이라고도 볼 수 있겠지만, 가장 큰 이유는 독일 학부모들이 대학을 가지 못하더라도 그것에 의해 아이의 인생이 크게 좌우되지 않을 것이라는 확신을 갖고 있기 때문이다.

위에서 언급한 내 친구들은 대부분 대학을 졸업한 학생들이었지만, 흥미롭게도 이들 부모들은 대부분 대학을 졸업하지 않은 분들이셨다. 그리고 대학 졸업장 유무에 상관없이 부모들은 자식들이 행복하고 풍요롭게 '자립'할 수 있도록 키웠고, 그 친구들이 학업을 선택한 이유는 자신의 적성에 맞았기 때문이다.

그래서 그런지 독일 교육을 받은 내 친구들은 '사' 자가 들어간 직업을 가졌음에도 불구하고 '엘리트적'인 분위기를 풍기지 않았다. 당연한

50

일이었다. 친구들이 변호사, 의사, 경영인, 교수라는 직업을 선택한 것
은 그들이 사회의 엘리트가 되길 원해서가 아니라 그 직업이 적성에
맞았고 그 직업으로 독일 사회에서 지속 가능한 삶을 영유할 수 있기
때문이다. 이렇듯 한국과 사회구조도 다르고 문화, 역사적 배경도 다른
독일이지만 그래도 독일 교육제도 및 철학이 시사해 줄 수 있는 점은
다음과 같은 질문일 것이다.

"과연 학력과 경쟁을 강조하는 교육에서 결과적으로 우리가 얻을 수
있는 유익은 무엇일까?" 그리고 "치열한 경쟁에서 이겨 모두가 선망하
는 직장을 얻었다고 한들 과연 그 삶에 자기만족과 행복이 있는가?"

이에 대한 독일인들이 우리에게 제시하는 답은 다시 한 번 괴테의
소설에서 찾을 수 있을 것 같다. 《빌헬름 마이스터의 수업 시대》에서
수업의 목표는 행복한 가운데서의 질서, 불행 속에서의 용기, 아주 사
소한 것에 대한 세심한 배려, 그리고 가장 위대한 것을 꽉 붙잡을 수 있
으나 경우에 따라서는 그것을 다시금 놓아 보내 버릴 수도 있는 아름
다운 영혼을 소유하는 것이었다. 이를 '인생'이라는 위대한 수업에서
터득한 자는 다음과 같이 고백한다.

> "오히려 (그들이) 불쌍하다고 생각하십시오! 우리가 최고라는 생각하는
> 행복, 즉 자연의 내적 풍요로움으로부터 넘쳐흐르는 그 행복으로부터 그
> 들이 어떤 고양된 감정을 느끼는 경우란 거의 없으니까요. 거의 아무것
> 도, 혹은 전혀 아무것도 소유하고 있지 않은 우리 가난한 사람들에게만
> 우정의 행복을 듬뿍 맛볼 수 있는 특전이 주어져 있는 것입니다."

2

영국

교양은

어떻게

만들어지는가?

"교육은 젠틀맨을 형성하는 기초이지만,

독서, 교우 관계 그리고 성찰이 젠틀맨을 완성합니다.

Education begins the gentleman, but reading, good company
and reflection must finish him."

- 존 로크 John Locke

○ 교양은 어떻게
만들어지는가?

주입식 교육의 가장 큰 폐해는 자신의 의견을 자유롭게 표현하고 다른 사람과 교류하는 방법 대신, 다른 데서 만들어진 지식을 단순히 습득하는 수준에서 교육이 그친다는 것이다. 창조성이 어느 때보다 중요시되는 4차 산업 시대에서 주입식 교육이야말로 우리나라 교육에서 가장 지양해야 할 과제로 여겨지는 것은 당연하다.

이런 의미에서 영국의 교육은 초등교육으로부터 지속적으로 자신의 의견을 말과 글로 표현하고 다른 사람과 교류할 수 있는 교양 교육을 지향한다.(전 세계 교양인의 대명사인 '젠틀맨gentlemen'이라는 단어는 사실 영국의 교육을 잘 받은 특정 계급을 지칭하는 용어였다가 영국인들을 대변하는 용어로 변화한 것이다. 영국을 대표하는 젠틀맨은 이런 교양 교육을 탐구하는 데 있어서 중요한 기준이 된다.)

영국 학교에서는 어떠한 교양 교육을 시키며, 이 교양 교육을 통해 학생들은 어떻게 자유롭게 자신의 생각을 말로써 글로써 표현하고 다른 사람들과 교류하고 토론하는 방법을 배우게 될까? 교양 교육을 통해 영국인들이 궁극적으로 만들고자 하는 젠틀맨의 모습은 과연 어떠한 것일까?

호그와트 식당의
모티브가 된 옥스퍼드대

옥스퍼드 대학의 칼리지 중 하나인 허트포드 칼리지Hertford College의 식당에는 길게 늘어진 검정색 가운을 입은 금발 머리의 학생들이 옹기종기 모여 앉아 있었다. 무슨 할 이야기가 그리도 많은지 식당 안은 시끌벅적했다.

식당의 한 끝에서 다른 끝까지 세 개로 길게 줄지어 있는 마호가니 테이블 양 옆에 들어갈 틈도 없이 빼곡히 앉은 학생들은 무거운 영국 악센트로 저마다 신나게 대화를 나누고 있었다. 이 식당은 영화〈해리포터〉의 배경으로 유명한데, 나는 옥스퍼드 대학에 들어오고 나서야 영화에서 해리와 그의 친구들이 호그와트의 식당에서 함께 이야기는 모습이 상상이 아니라 현실이라는 것을 알게 되었다.

낯선 곳에서 쭈뼛거리며 어색하게 구석진 자리에 홀로 자리 잡은 나

56

는 어느 때보다 더 이방인처럼 느껴졌다. 그때 테이블 건너편에 앉은 곱슬머리 영국 남학생이 따뜻한 눈으로 나를 쳐다보며 큰 소리로 말을 걸어 왔다.

하지만 나는 처음으로 말을 걸어 준 그 친구에게 반가운 마음을 표현할 기회를, 테이블 너머에서 들려오는 다른 학생들의 시끄러운 소리에 놓쳐 버리고 말았다. 어떻게 다시 인사를 건넬지 생각하고 있는데 갑자기 내 옆에 누군가 털썩 하고 주저앉았다.

누군지 생각할 틈도 없이 엄청난 속도로 이야기를 쏟아 냈다. 특유의 러시아 악센트를 듣고야 친구인 마샤라는 것을 알았다. 늘씬한 러시아 금발 미녀인 마샤는 세련된 외모와는 달리 수다스럽고 엄청 재미있게 말을 해서 일단 이야기를 시작하면 달라지는 아이였다.

"썬, 너 철학 에세이 주제 받았어? 곤잘로 교수님이 주신 거? 이게 도대체 무슨 뜻이야? How do you know that you know(네가 안다는 것을 어떻게 아는가)?"

잠깐 잊어버리고 있었던 에세이 주제가 다시 떠오르면서 머리가 아프기 시작했다. 그건 바로 내가 다음 시간까지 써야 할 철학 수업 에세이 주제였다. 이 주제를 쓰기 위해서 나는 5권 이상의 책을 읽었지만 그래도 어떻게 써야 할지 갈피를 못 잡고 있었다.

에세이를 쓰기 위해 읽어야 할 책 중에는 '가상 실험'에 대한 내용도 있었다. 만약 과학이 엄청 발전해서 인간의 두뇌를 인간의 몸으로부터 분리하고 액체가 가득한 용기 안에 넣어서 슈퍼컴퓨터에 연결한다고 하자. 그 슈퍼컴퓨터가 두뇌에 인간의 몸에 있을 때 받았던 모든 자극과 신호를 똑같이 전달한다면, 그 두뇌는 자기가 인간의 몸 안에 있었을 때와 똑같이 생각을 하고 기능한다는 것이다.

처음 책에서 이 가상 실험에 대해 읽을 때는 충격적이었다. 하지만 〈인셉션〉이나 〈매트릭스〉와 같은 영화에서 가정하는 가상현실을 떠올리면 아예 불가능한 것도 아니라는 생각도 들었다.

그런데 대체 이 실험이 철학과 무슨 관계가 있는 거지? 몇 권의 책을 더 읽고, 친구들과 이야기를 나눈 후에 이 실험이 우리가 인식하는 현실과 진리, 지식에 대해 질문을 던져 준다고 결론을 내렸다. 그제야 교수님이 내준 철학 과제의 의미를 이해할 수 있었다. 하지만 이해는 이해인 거고 쓰는 건 또 다른 문제였다.

글쓰기와 토론을
중심으로 한 교육

한국에서 초등학교, 중학교, 고등학교까지 다닌 토종 한국인인 내가 옥스퍼드 대학에 가서 경험한 학문 수준은 정말 충격적이었다. 어렸을 때부터 1주일에 두세 개씩 에세이를 쓰도록 훈련받아 온 영국 친구들은 4~5쪽짜리 에세이 정도는 별로 부담이 없는 듯했다. 반면 나는 끼니도 거르고 도서관에서 새벽까지 지내기 일쑤였지만 그래도 늘 시간이 모자랐다.

그뿐인가. 입학 초기에는 열심히 수업 준비를 해 가도 교수의 "왜 그렇게 생각하지?"라는 계속되는 집요한 질문에 쩔쩔맨 적도 많다. 반면 옆의 영국 친구는 갑작스런 교수의 질문을 잘 받아치면서, 오히려 교수에게 질문까지 던지는 등 여유로웠다. 몇몇 토론 수업 시간엔 선생님과 학생들이 거의 싸우다시피 하며 토론을 하는데, 나는 그 옆에서 넋을 놓고 듣고 있기도 했다.

수업 준비를 위해 읽은 책은 내가 훨씬 더 많은데 왜 나는 제대로 대답을 못했을까? 가장 큰 이유는 영국에서는 학생이 얼마나 '읽었나'보다 얼마나 '생각했나'에 더 중점을 두고 평가하기 때문이다. 그래서 영국 학생들은 어떤 책을 읽어도 '왜'라고 자문自問하는 것이 습관이 되어 있다.

그도 그럴 것이 영국 학교는 에세이 쓰기와 토론 위주로 학교 수업을 진행하고 시험제도도 이러한 능력을 바탕으로 운영된다. 영국에서 학생들은 초등학교 졸업하면서 본격적으로 에세이를 쓰기 시작하는데, 여기서 말하는 에세이란 자신의 주장을 논리적으로 풀어 나가는 산문을 뜻한다. 이러한 글을 쓰기 위해서 학생들은 글을 배울 때부터 스스로 생각하고 표현하는 훈련을 받게 된다.

예를 들면, 수업 시간에 선생님이 런던시의 고고학적 배경을 열 문장 정도로 제시한다. 그 다음에 학생들에게 "런던이 선사 시대부터 사람이 살고 있었다는 사실을 어떻게 알 수 있지요?"라는 질문을 한다. 그러면 학생들은 "왜냐하면 그 시대의 기구나 연장이 여럿 발견되었기 때문이다."라는 대답을 한 문장으로 써야 한다. 여기서 중요한 것은 스

펠링이나 문법의 정확성보다는 질문의 의도를 파악하고 논리적으로 대답하는 능력이다.[6]

그래서 영국 학교는 어렸을 때부터 책 읽기 교육을 강조한다. 학생들은 책가방에 항상 책 한 권과 독서 카드를 넣고 다니는데, 책은 날마다 바꿔서 가지고 다닌다. 독서 카드에는 교사와 학부모가 교실에서 그리고 가정에서 얼마만큼 책을 읽었는지를 기록한다. 독서 카드는 학생들이 읽기 훈련을 통해 책이 재미있다는 깃을 스스로 깨닫게 하려는 목적을 가지고 있다.

영국에서 아이를 키운 경험을 담은 김은하 작가의《영국의 독서 교육》이란 책에는 영국에서 어떻게 독서 교육을 시키는지 생생하게 묘사되어 있다.

> "먼저 교실에서 선생님이 아이들에게 동화를 한 편 읽어 준 다음 그 내용을 기억해 각자 공책에 들은 이야기를 한 번 옮겨 적어 보라고 하고, 얘기가 길면 두 번 읽어 주기도 한다. 이 방법을 동원해 듣기와 집중력 기르기, 줄거리 이해하기, 기억하기 그리고 스스로 이야기를 옮기는 중 문장 만들기와 철자를 익힐 수 있게 된다."

영국에서 일곱 살이 되기 전의 아이들이 하는 국어 교육 정도가 이

6 권은정,《젠틀맨 만들기》(1997), 문예당, 104쪽

정도다. 아이들은 직접 창작해 낸 것은 아니지만 선생님이 읽어 준 동화를 듣고 자기만의 표현으로 동화 한 편을 써내는 것이다. 자기 표현법을 가르치는 방법은 이뿐이 아니다. 생일 파티에 친구를 초대하는 글을 써 보기도 하고, 자기가 제일 좋아하는 물건을 판다고 가정하고 광고문을 만들어 보기도 한다.

영국은 학생들의 논리력과 창의력을 향상시키는 데 중점을 두기 때문에 보기 중에 맞는 답을 찾는 객관식 교육이 아닌 자신의 생각을 말하는 논술형 교육을 실시하고 있다. 즉 지식을 암기하고 전달하는 법보다 어떤 사실이나 주장에 대해 "왜?", "어떻게?"라고 질문하고 사고하는 법을 가르치는 것이다. 이렇게 훈련된 학생들은 중학교, 고등학교를 거쳐 더 복잡하고 어려운 문제에 대해서 자신의 생각을 정리하여 주장하는 긴 에세이를 쓸 수 있게 된다.

영국에는
객관식 문제가 없다

실제로 영국의 시험에는 객관식이 없다. 영국의 일반적인 학제는 5~10세 아동을 대상으로 하는 초등 6년, 11~15세 아동을 대상으로 하는 중등 5년으로 되어 있으며 이 기간은 의무교육 기간이다. 그리고 중등학교 졸업 후에는 취업을 선택해 직업교육을 받는 학생들을 위한

2년의 직업교육 과정Further Education과 대학 입학을 선택한 학생들을 위한 2년의 대학 준비 과정Six Forms College으로 나뉜다.

이 과정에서 영국 학생들이 중등 과정을 마치고 대학 준비 과정으로 가기 위해 필수적으로 통과해야 하는 시험은 GCSEGeneral Certificate of Secondary Education라고 불리는 중등교육 졸업 시험과 A-levelGeneral Certificate of Education Advanced Level이라고 불리는 대학 입시 시험이 전부이다.

GCSE 시험은 5개 졸업 시험 과목에서 C등급 이상 성적을 받아야만 대학 준비 과정에 진학할 수 있다. 그리고 대학 진학을 위해서는 A-level 시험에서 2개 이상의 과목에 응시해야 한다. 대부분의 학생들은 대학에서 공부하고 싶은 전공과 관련된 과목이나 지망하는 학과에서 요구하는 과목 중 4과목을 선택한 다음에 1년 후에 시험이 끝나면 자신이 계속 공부하고 싶은 3과목만 골라서 고등학교 졸업 때까지 공부하게 된다.

한국 학생들에 비해 현저하게 적은 시험 과목 덕분에 영국 학생들은 자신이 원하는 과목을 심도 있게 공부할 수 있는 여유가 있다. 무엇보다 중요한 것은 GCSE 시험이나 A-level 시험 모두 서술형이라는 점이다. 영국 정부는 공식 시험의 모든 시험지를 스캔해서 독립된 시험 평가기관에 보내 시험 점수를 산출하게 한다.

채점할 때 훨씬 더 복잡한 과정을 거쳐야 함에도 불구하고, 그리고 무수한 교육개혁에도 불구하고 '논술형 교육 및 평가'는 영국의 교육 기조로 끈질기게 살아남아 있다. 영국에서는 논리력과 창의력 그리고 표현력을 키우는 데 에세이 교육이 가장 훌륭한 방식이라 믿고 있고, 그만큼 효과를 보여 주고 있기 때문이다.

이렇게 유치원부터 대학 입학 전까지 논술형 교육을 받은 영국 학생들이 대학에 입학할 때쯤이 되면 웬만한 소논문 하나는 거뜬히 쓸 수 있을 정도의 글 실력을 갖게 되는 것은 당연하다. 영국 학생들이 경제학 시험에서 주어진 경제 지표, 그래프, 통계 자료를 이용해 시험 문제 하나당 8페이지 이상의 서술형 답을 작성할 수 있고, 2차 세계대전에 대해 국가별로 어떻게 다른 관점을 가지고 있는지 분석하여 자신의 주장을 뒷받침하는 근거까지 제시해 에세이를 쓸 수 있는 것이 바로 유치원에서부터 초등학교, 중학교, 고등학교까지 이어 온 논술형 교육의 힘일 것이다.

대학에서도 마찬가지다. 교수는 일주일 동안 하나의 주제를 주고, 그 주제에 대한 에세이를 써 오라 한다. 과목당 읽기 자료 목록reading list에 나와 있는 책 3~4권 정도를 읽고 써야 한다. 물론 읽기 자료의 양은 대학과 대학원에 가면서 점점 더 늘어난다.

객관식 교육에 익숙했던 내가 처음 이곳에 와서 가장 힘들었던 부분이 바로 에세이를 쓰는 것이었다. 과제가 나오면 먼저 주어진 주제에 맞는 책을 골라 관련 부분을 찾아서 읽는다. 그냥 읽기만 하는 것이 아니라 읽으면서 노트 정리를 한다. 중요한 부분을 내 나름대로 정리해서 공책에 적어 놓는 것이다.

이 노트 정리하는 것을 배우는 데만 한 학기는 족히 걸렸다. 같은 과 친구 노트를 빌려서 어떻게 정리해야 할지 나름대로 분석하고, 귀찮게 계속 물으며, 이렇게도 정리해 보고 저렇게도 정리해 보면서 몇 번의 시행착오 끝에야 감이 잡혔다.

에세이를 쓸 때 제일 중요한 것은 그 많은 양의 정보 중에서 무엇을 취사선택해 설득력 있는 주장이 들어 있는 에세이를 쓰느냐는 것이다. 이렇게 에세이 쓰기를 통해 학생들은 주제에 대한 지식을 습득하고, 자기의 생각을 논리정연하게 정리하게 된다. 그리고 정리된 지식과 논리를 바탕으로 교사와 수업 시간에 토론을 한다.

비판 능력을 강조하는
영국의 수업

영국 옥스퍼드 대학과 케임브리지 대학은 소수 엘리트들의 전통 교육 방식인 토론과 논문 지도 위주의 교육 방식을 고수한다. 학부 1학년 때 들었던 피요나 스펜슬리Fiona Spensley 교수의 성장 심리학 튜토리얼 tutorial[7]을 예로 들어 보겠다.

교수는 수업에 오자마자 전에 써서 제출했던 에세이를 나눠 준다. 에

---

7   튜토리얼(개별 지도 시간)은 교사 대 학생 비율이 1:1 혹은 1:2의 소수 정예 방식의 수업 방식으로 옥스퍼드 대학과 케임브리지 대학에서는 특히 학부 학생들을 위해서 이 교육 방식을 고집하고 있다.

세이에는 빨간 줄이 쫙쫙 그어져 있고 뒤에는 코멘트가 쓰여 있다. 그리고 질문이 쏟아진다.

"썬, 거짓 믿음에 대한 실험 차례를 설명해 볼 수 있겠니?"

'윽! 어떡하지? 그 많은 과정을 어떻게 다 설명해.' 아마 3개월 전만해도 이렇게 머뭇거렸을 것이다. 하지만 몇 번 폭풍 같은 수업을 거치며 이제는 제법 요령도 파악했고 배짱도 생겼다.

영국에 처음 와서 이곳 교육 시스템에 적응하면서 무엇보다 가장 큰 어려움은 표현력 문제였다. 영어가 모국어가 아니기 때문에 사실 처음부터 열세에 있기는 했다. 하지만 더 큰 문제는 영어로 '어떻게' 표현해야 할지 모른다는 게 아니라 '무엇을' 말해야 할지 모른다는 표현력 자체의 부재였다.

예컨대 교수가 어려운 철학적 질문을 던질 경우 나는 우선 노트를 살피거나 읽었던 내용을 기억해 내려 애쓰며 말할 거리를 찾지만, 영국 아이들은 먼저 말을 꺼내고 생각을 정리한다. 영국 아이들은 먼저 말을 꺼냄으로써 분위기의 기선을 잡아 자신에게 집중되게 한 다음 다른 사람이 보이는 반응을 보며 자기 생각을 발전시켜 나간다.

한국 학생들의 경우 모든 걸 완벽히 머릿속에 정리한 다음 말을 하려고 하는 성향이 있다. 그래서 대답하는 데 시간이 오래 걸리고 자신 없어 한다. 하지만 여기 학생들은 그냥 아는 것부터 이야기한다.

말하자면 한국 학생은 생각을 먼저 한 다음 발표하고 토론을 하는 반면 영국 아이들은 말하면서 생각한다고 할까. 한국에서는 과묵한 것이 생각이 깊은 것으로 간주되지만 영국(서양)에서는 정반대다. 말을 안 하면 모르는 것이고, 대화에 끼지 못한 동양 학생들은 주류에서 제외된다.

너무 광범위한 문제의 경우에도 괜히 양이 너무 많다고 기죽을 필요가 없다. 내가 아는 것 한도 내에서 맘껏 이야기하면 된다. 머뭇거리다 보면 답변 기회를 옆에 앉아 있는 친구에게 뺏긴다. 겪어 보니 틀린 대답을 하는 것보다 답변 기회를 뺏겨 친구가 잘난 듯이 계속 이야기하는 게 더 화가 났다. 사실 내가 설령 잘못 대답한다 해도 교수가 바로잡아 주니 더 많이 배우는 셈이다. 문제는 자신감이고, 모르는 것도 대담하게 내놓는 용기이다.

내 답변에 이어 곧바로 다음 질문이 날아왔다.

"이 실험에서 무슨 잘못된 점을 찾지 않았니?"

이번에는 나와 같이 튜토리얼을 하는 셰릴이 대답을 했다. 잘못된 점을 조목조목 잘 지적한다.

나를 비롯한 한국 학생들이 어려워하는 것 중 하나가 비판을 하는 것이다. 이런 질문을 받으면 대부분 '아니, 그렇게 유명한 사람의 연구 결과를 내가 어떻게 반박해?'라며 당황해 한다. 하지만 이곳 아이들은 이런 비판을 하도록 어렸을 때부터 교육받았기 때문에 이런 학문적 대화나 토론이 익숙하다.

영국 교육에서는 비판하려고 하는 시도가 중요하다. 무조건 남의 의견과 결과를 수동적으로 받아들이는 게 아니라 그 연구가, 그 이론이 아주 유명한 사람들에 의해 만들어졌더라도 자신의 시각에서 주도적으로 따져 보는 것이다. 내 생각, 내 논리를 갖고 한번 비판해 보면 그

66

다음에 내용에 대한 지식은 자연스럽게 따라 온다. 이곳의 분위기, 학문적 문화, 교수법은 모두 비판 능력을 강조한다.

영국 정치가의 산실, 옥스퍼드 유니언

이렇게 영국 학생들은 어렸을 때부터 논술형 교육을 받으면서 토론 문화를 익혀 나간다. 실제로 영국의 TV, 라디오, 신문 등의 언론 매체에서는 여러 가지 사안에 대한 폭넓은 토론이 이루어진다. 예컨대 BBC 뉴스나 시사 프로그램을 보게 되면 타인의 주장에 대해 신랄하게 비판하는 모습과 그런 비판하는 말에도 끄떡하지 않고 조목조목 상대방의 의견을 반박해 나가는 모습을 많이 보게 된다.

한국에서는 감정싸움으로 번질 만한 내용인데도 사람들은 화를 내기는커녕 얼굴색 하나 변하지 않고 자기 차례를 기다려서 자신의 주장과 대비해 상대방의 주장이 왜 틀렸는지 지적하는 것을 보면 이것이 바로 토론 교육의 힘이구나 하는 생각이 든다.

이런 토론 문화를 대표적으로 보여 주는 것이 옥스퍼드 대학의 토론 클럽인 '옥스퍼드 유니언Oxford Union'이다. 옥스퍼드 유니언의 토론은 매주 목요일마다 다른 주제를 가지고 열리는데, 이 토론에는 대학생뿐만 아니라 정치인들이나 세계적인 유명 인사들도 참여할 정도다.

67

달라이 라마나 윈스턴 처칠, 넬슨 만델라, 리처드 닉슨도 참여를 했고, 화제가 된 토론은 전 세계적으로 중계가 될 정도로 명망 높은 토론이다. 토론 주제는 브렉시트와 같은 국내 문제뿐 아니라 종교의 자유, 이슬람과 테러, 페미니즘, 기후 변화 등 전 세계적으로 중요한 문제들까지 매우 다양하다.

얼마 전 토론 주제는 '전기차가 운송 수단의 미래인가?'였다. 먼저 사회자가 토론 수제에 대해 발제를 한다. 그리고 발제된 명제에 찬성하는 사람들이 한쪽 벤치에 나란히 앉고, 이 명제에 반대하는 사람들은 반대편 벤치에 자리하게 된다. 이 형식은 영국 의회에서 똑같이 사용하고 있다. 실제 영국 정치인들 중 상당수가 이 옥스퍼드 유니온 회원 출신인데, 아마도 그들이 정치 토론하는 훈련을 이곳에서 쌓지 않았나 싶다.

먼저 찬성하는 사람들이 기존의 속도로 석유차가 계속 생산된다면 얼마 안 가서 석유 값은 매우 비싸질 것이며 결국 언젠가는 고갈될 것이므로 전기차를 사용해야 한다는 주장을 폈다. 이에 반대하는 사람들은 전기차가 미래의 주 운송 수단이 되기 위해서는 기술적 혁신이 더 진행되어야 한다고 주장하면서 차체가 더 가벼워져야 하고, 더 작은 엔진이 필요하며, 연료 효율이 더 높아져야 한다는 등의 이유를 들어 반대의 이유를 밝힌다.

이렇게 상대방의 의견에 대해서 반박을 하면서 자신의 의견을 개진해 나아가다 보면 반대 의견에서도 배울 수 있는 것이 있고, 자신의 주장에 모순되는 부분은 없는지에 대해서도 스스로 생각하고 깨달을 수

68

있게 된다.

의자에 앉아 있는 토론자들의 발표가 다 끝나고 나면 사회자가 청중 석들에게도 발언을 할 수 있는 기회를 준다. 미리 토론을 준비한 학생 들이나 토론자들만이 아니라 청중석에서도 많은 질문과 의견이 나와 서 토론의 흥미를 더한다. 토론이 끝난 후 양측의 의견을 다 들은 학생 들은 자신의 의견에 따라 'Ayes(Yes)' 혹은 'Noes(No)'라고 쓰인 문으 로 토론장을 나간다. 토론의 결과는 어떤 문으로 얼마나 많이 빠져 나 가느냐에 따라 판결이 난다.

이런 토론 문화는 비단 학문적인 자리뿐만 아니라 일상에도 자리 잡 고 있다. 앞에서 얘기한 재잘거리는 학생들로 가득 찬 칼리지 식당이야 말로 자유로운 대화와 토론이 오고 가는 전당이라 할 수 있다.

일주일에 한두 번씩 옥스퍼드 칼리지에서는 '포멀 홀Formal Hall'이라 고 해서 특별히 정찬 코스가 나오는 근사한 식사 시간이 있다. 이날은 모두가 근사한 드레스와 양복에 가운을 입고 참석하는데, 식사는 옥스 퍼드 전통에 따라 칼리지 학장이 '그레이스Grace'라 일컬어지는 라틴 구절을 읊으면서 시작된다. 교수들은 '하이 테이블High Table'이라고 하 는, 일반 학생들의 식탁보다 조금 높은 곳에 위치한 식탁에서 식사를 한다.

식탁에서 오가는 대화의 수준은 가히 상상을 초월한다. 옥스퍼드 학 부 시절 스탠퍼드 대학에서 공부를 했던 친구가 일주일 정도 놀러 와 서 함께 식당에 간 적이 있다. 스탠퍼드에서 경제학을 공부하고 있었던 친구의 옆에는 신학과 철학을 공부하는 학생이 앉았는데, 30여 분간의 짧은 식사 시간 동안 둘 사이에는 아담 스미스 국부론의 철학적 기원과 기독교의 배타성에 대한 이야기가 오고 갔다. 식당을 나서면서 친구가 나에게 나지막한 목소리로 말했다.

"아… 무슨 철학이랑 신학 세미나에 다녀온 느낌이야."

"스탠퍼드 식당에선 이런 대화 나누지 않아?"

"아니… 신변잡기적인 이야기나 주로 나누지 이런 대화는 오고 가지 않아. 특히 처음 보는 사람과 밥 먹는 자리에선…."

친구의 말을 듣고 영국 교육의 진가는 바로 식사를 하며 테이블에서 나오는 대화에서 나오는 것이 아닐까 하는 생각이 들었다. 실제로 옥스퍼드 곳곳에는 학생과 교수들이 자유롭게 만나서 커피를 마시고 대화를 할 수 있는 공간인 커먼룸Common Room이 있다.

이름에서 나타나듯이 이곳에서는 세계적인 학자이든 막 연구를 시작한 학생이든 일상적으로(common) 들어와서 커피를 마시면서 수다를 떤다. 물론 수다의 주제가 매우 심오하고 다양하긴 하지만 말이다.

이곳이야말로 옥스퍼드 학문의 진원지라고 할 수 있다. 세계에서 내노라하는 교수들이 대화의 꽃을 피우며 서로의 생각을 교환할 뿐만 아니라 학생들과도 스스럼없이 이야기를 한다. 이렇듯 다양한 배경을 가진 사람들이 만나 생각과 사상의 교류를 펼쳐 나가는 토론 문화야말로 영국 교육이 가지고 있는 힘이라 하겠다.

기다릴 줄 아는
태도

내가 영국의 토론 문화를 보면서 감탄한 것 중 하나는 자신이 발언
권을 얻게 될 때까지 상대방의 발언을 유심히 들으면서 기다릴 줄 아
는 태도였다. 이는 한순간에 형성된 것이 아닐 텐데, 실제로 영국인들
은 참을성 많기로 유명하다. 어디를 가든지 항상 줄을 서 있고, 재촉하
는 말이나 동작을 거의 하지 않고 마냥 기다릴 줄 안다. 그래서 내가 이
곳에 와서 처음 배운 영국식 표현도 줄 서기란 의미의 '큐queue'였을 정
도였다.

이런 기다림의 문화는 자녀 교육에도 오롯이 적용된다. 남편과 내가
다녔던 영국 교회의 에드 목사님께서 자신의 자녀들을 대하는 방식이
상당히 인상적이었다. 첫째 아이가 다섯 살, 둘째 아이가 세 살 정도 밖
에 안 되었는데, 말을 시작할 때부터 어른들의 이야기를 중간에 끼어드
는 것에 대해 엄격한 훈련을 받았다.

아이가 소리를 내는 등 자신에게 시선을 집중시키려고 해도 목사님
과 사모님은 어른들의 말이 끝날 때까지 그 아이에게 시선을 주지 않
음으로써 아이를 제재하고, 말이 끝난 다음에야 부드러운 미소를 지으

71

면서 아이에게 눈길을 주거나 말을 걸었다. 이런 훈련이 어렸을 때부터 되어 있어서인지 영국인들은 슈퍼마켓이건 은행이건 우체국이건 어디서나 줄을 서서 앞 사람이 용무를 다 끝낼 때까지 아무 말도 하지 않고 잘 기다린다.

박사 논문을 쓰기 위한 튜토리얼 가운데에서도 영국인들의 이런 모습을 경험했다. 지도 교수님이셨던 잉그리드 런트 교수님은 워낙 교육학과에서 엄격하고 무섭기로 유명해서 '얼음 공주'로 불리는 70대 중반의 할머니 교수님이셨다. 옥스퍼드대가 여학생들을 받아들인 지 얼마 안 된 시기에 옥스퍼드대에서 공부를 하셨을 정도로 굉장한 엘리트였다.

그리고 다른 한 명의 지도 교수는 루마니아 출신인 40대 중반의 젊은 알리스 교수님이셨다. 나는 두 분의 지도 교수님과 박사 논문 튜토리얼을 진행했는데, 잉그리드 교수님께서는 항상 자신과 알리스 교수님의 코멘트가 끝날 때까지 내가 끼어들어 말을 하는 것을 딱 끊어 버리셨다. 그렇다고 교수들만 말을 하고 학생들은 받아 적는 권위주의적인 형태는 아니었다.

교수님께서는 내 차례가 되면 미소를 지으시면서 "그래서, 너는 어떻게 생각하니(So, what do you think)?"라고 항상 질문을 해 주셨다. 그리고 내 주장에 대해 충분히 수긍해 주시지만 또한 비판을 아낌없이 가하셨다. 두 지도 교수님과 셋이서 2년 동안 매주 1~2시간 동안 좁은 대학 사무실에서 계속 토론을 하면서 내 박사 논문을 '함께' 완성시켜 나갔다.

이 과정을 통해 연구에서 중요한 것은 지식이 아니라 토론과 대화라
는 것을 배웠음은 물론이고, 이분들의 태도와 모습을 지침으로 삼고 대
화할 수 있는 선생님이 되고 싶다는 꿈을 갖게 되었다.

가정에서의
젠틀맨 교육

상대방의 이야기를 주의 깊게 들으면서 자신의 생각을 가다듬고 또
한 자신의 순서가 돌아왔을 때 논리 정연하게 자신의 주장을 피력하는
모습, 이게 바로 영국인들이 말하는 '젠틀맨gentleman'의 모습이다. 실제
로 영국 사람들은 '신사'를 관대하고 사려 깊고 조용하고 인내심 있는
사람으로 생각한다.[8]

나는 영국에서 생활하면서 이러한 영국 신사들을 여러 명 만났다. 지
방 대학에서 컴퓨터공학과를 전공한 후에 우리 칼리지에 와서 IT 매니
저가 된 매튜 씨는 컴퓨터 관련해서 물어 보러 갈 때마다 항상 학교 공
부는 잘 되고 있냐고 물어봐 준다. 한국에 갔다 왔다 하면 한국의 정치
나 국제 정세에 대해서도 묻곤 했다(본인은 한 번도 한국은 물론 동아시아

---

8   권은정, 《젠틀맨 만들기》(1997), 문예당, 26쪽

에 다녀온 적이 없음에도 불구하고 말이다!).

우리 칼리지 정원을 책임졌던 가든 매니저_{garden manager}는 옥스퍼드에서 30년 이상이나 사신 백발의 할아버지였는데, 기숙사로 가는 길에서 만나 인사를 할 때마다 항상 수줍은 말투로 인사를 받아 주며 안부를 묻곤 했다. 물론 철마다 꽃이나 식물이 어떻게 바뀌는지 설명해 주는 것도 잊지 않고 말이다!

옥스퍼드 주 안에 위치한 사립 명문고를 졸업하고 옥스퍼드 대학에서 역사학으로 학사, 석사, 박사 학위를 마친 내 영국 친구 제임스는 정말 조용하고 수줍었지만 내가 영국이나 독일에서 힘든 일이 있을 때마다 이메일이나 전화로 꼭 안부를 묻는다.

과묵한 성격답게 제임스는 전화를 해도 길게 얘기하지 않고 곧바로 끊을 때도 많았다. 조용하게 하지만 우리가 꼭 필요할 때마다 물심양면으로 도움을 주었던 그 모습이야 말로 영국의 젠틀맨쉽_{gentlemanship}의 표본이라는 생각이 든다. 세 영국 신사는 모두 하는 일도, 교육 수준도, 계층도 달랐지만 사람을 대하는 모습과 태도는 비슷했다.

영국인의 신사다운 태도는 학교교육의 힘도 크겠지만 무엇보다도 가정에서의 교육이 큰 영향을 미친다. 영국에 있을 때 에드 목사님 부부를 통해 영국 가정에서 아이들을 어떻게 교육하는지 생생하게 볼 수 있었다.

목사님 부부는 우리 부부가 연애를 시작하고 결혼할 때까지 모든 과정을 지켜봐 주셨고, 결혼 후에도 부부 관계에 대한 멘토링을 해 주시곤 했는데, 말로 해 주시는 조언보다 그분들의 삶의 모습을 통해 더 많

74

은 것을 배웠다.

아직 돌이 채 안된 막내 아이까지 세 아이를 키우는 목사님 부부 댁의 식사 시간은 그야말로 살아 있는 교육의 장이다. 아이들이 많다고 해서 식탁에 아무렇게나 앉아서 정신없이 아이들을 대충 한끼 때우게 하지 않고, 늘 식탁보와 냅킨을 정갈하게 깔고 절도 있게 자세를 갖추어서 먹게 한다. 아직 초등학교도 들어가지 않은 세 살짜리 둘째까지도 말이다.

하지만 그렇다고 해서 식탁에서의 시간이 딱딱한 것은 아니다. 두 아이들은 식사 예절을 갖추고 어른들의 대화에도 함부로 끼어들지 않았지만 조용히 듣고 있다가 누군가가 자신에게 질문을 하면 고급스러운 영국 악센트로 자신의 생각을 또박또박 대답했다. 특히 세 살 밖에 안된 펠릭스가 다른 사람에게 무언가 요청을 할 때마다 "Could you?"로 시작하는 정중한 질문을 해서 깜짝 놀랐다.

목사님 부부는 자녀 교육에 있어서 글자를 가르치거나 셈하는 것 같은 학습적인 면에 신경을 쓰기보다 놀이를 통해 지켜야 할 규율을 하나씩 익혀 나가게 하는 것에 더 신경을 쓰셨다. 특히 사회 속에서 할 수 있는 것과 해서는 안 되는 것의 차이를 아이가 스스로 깨달을 수 있도록 하는 점이 정말 특이했다.

첫째 소피아와 둘째 펠릭스가 공놀이를 하다 소피아가 동생에게 너무 세게 공을 던지면, 사모님은 엄격한 목소리로 "소피아, 동생인 펠릭스가 아직 어리고 힘이 약한데 그렇게 세게 던지면 동생이 너무 놀라지 않겠니?" 하고 단호하게 주의를 주었다. 아이가 하는 행동이 왜 잘

75

못된 것인지 이해하기 쉽게 그렇지만 정확하게 지적하는 점이 인상적이었다.

이렇게 학교 들어가기 전까지 가정에서 놀이와 관계를 통해 자율과 규율의 조화를 배우고, 무엇보다 그 가치를 스스로 깨달을 수 있게 배려하며 훈육하는 방식이야 말로 젠틀맨이 되는 기초가 되는 것 같다.

시험이 없어도
공부하는 이유

영국에서 만난 친구들은 이러한 가정환경의 영향 때문인지 자기 관리가 철저했다. 특별히 옥스퍼드대에서 강조하는 정신은 '자립independence'이다. 옥스퍼드대의 특징인 튜터리얼 시스템 자체가 학생 스스로 알아서 하도록 장려하는 것이다.

사실 튜터리얼에서 쓰는 에세이라든지 지도 교수와 나누는 토론은 성적에 반영되지 않는다. 심지어 출석 체크도 평가도 없기 때문에 수강하는 교수의 강의조차도 본인이 원해서 가는 것일 뿐 강제성이 없다. 대학의 모든 평가는 마지막 학년인 3학년에 치르는 시험 하나뿐이다.

영국에서는 내신 성적이라는 개념이 없다. 중등학교 졸업 자격을 주는 국가시험인 GCSE이나 대학 입학을 위한 A-level은 일정 성적을 획득하면 되는 것이지, 개별 수업 시간에 배우는 내용에 대해 일일이 점수를 매기지 않는다. 그래서 숙제를 안 한다고 해서 내신 성적에 반영되는 것도 아니니 학생 입장에서 본다면 숙제는 해도 그만, 안 해도 그만이다.

하지만 동전의 양면으로 생각해 본다면 이렇게 과목마다 점수화시켜서 내신 성적을 매기는 제도가 없기 때문에 학생들은 대학 입시와 무관하게 자신의 흥미와 적성에 따라 과목을 선택할 수도 있다. 또한 자신이 대학에서 전공할 과목과 관련 없는 과목을 공부함으로써 입시 위주의 배움에서 벗어날 수 있는 기회도 생긴다.

성적에 반영되지도 않는데 옥스퍼드대 학생들 대부분은 에세이에 심혈을 기울인다. 교수와 다른 학생들에게 자기 생각을 피력하고 상대방의 주장을 비판하기 위해서는 혼자 머리를 쥐어뜯어 가면서 철저히 에세이를 준비해야 한다. 대학에서 "독립적이 되어라!" 하고 외치지 않아도 여기서 살아남으려면 그렇게 해야만 하는 것이다.

나의 영국 친구 제임스를 보면 자립적인 것이 무엇인지 확실히 알 수 있다. 제임스는 다음 튜터리얼 기간까지 자기에게 얼마의 시간이 주어졌는가를 먼저 따져 본 다음 할 일을 알맞게 배분한다. 물론 그가 공부만 하는 것은 아니기 때문에 학회 가는 시간이나 친구들과 만나는 시간, 심지어 잠자는 시간까지 계산에 넣는다. 그렇게 해서 순 공부 시간을 만든 다음 자신의 컨디션과 생활 습관에 맞게 책을 읽는 시간, 개요를 짜는 시간, 에세이 쓰는 시간을 계획한다.

제임스 외에도 옥스퍼드 대학의 많은 학생들이 이렇게 자신을 철저히 관리하면서 미래를 위한 준비를 해 나간다. 학생들은 강의를 듣거나 튜터리얼을 하고, 나머지 시간에는 조용히 각자의 방에 틀어박히거나 도서관에 가서 과제를 한다(내가 옥스퍼드대에 가서 깜짝 놀랐던 것 중 하나는 도서관에서 졸거나 책상에 엎드려서 자는 사람을 한 명도 본 적이 없다는 것이다).

공부로 쌓였던 스트레스를 저녁 식사 이후나 주말 특히 토요일에 친구들과 만나거나 과외활동을 하면서 푼다. 이런 생활 방식이 몸에 배어서인지 학생들이 공부하는 모습을 보면 정말 부서울 정도다. 여기에는 효율성에 대한 서양적 가치관도 한몫한다.

나중에 알게 된 것이지만 학생들의 이런 철저한 자기 관리는 사립 명문고에서 익힌 철저한 육체적, 정신적 훈련의 결과라는 것을 친구들과의 대화를 통해 알게 되었다. 이런 분위기가 사립 명문고 출신들이 학부 학생들의 절반 이상을 차지하는 옥스퍼드대와 케임브리지대의 학풍이 된 것은 당연한 일이다.

예체능을 강조하는
영국의 사립학교

사실 영국 사회에서 사립학교와 공립학교의 격차는 큰 사회적 문제이다. 많은 전문가들이 지적하는 것처럼 영국 사회는 아직도 계층 사회이며, 공립학교와 사립학교 사이의 격차는 영국 사회가 "계층 분리

의 깊은 골에서 헤어나지 못하게 하는" 고질적인 문제 중의 하나이
다.[9]

인구 비율의 7퍼센트에 해당하는 부유한 가정의 자녀들만 입학할
수 있는 이런 사립학교에서 학생들은 서민 혹은 노동자 계층 자녀들과
어린 시절부터 분리되어 교육을 받으며, 옥스브리지(옥스퍼드대와 케임
브리지대) 입학생의 절반 이상을 차지한다. 또한 영국 정계, 재계의 고
위직의 80~90퍼센트가 모두 사립학교 출신이다.[10]

하지만 이런 사립학교들이 영국을 영국답게 만든 지도자 양성의 요
람이고, 우수한 교육의 질과 명성 때문에 전 세계의 부유한 학부모들과
학생들을 여전히 끌어당기고 있는 중요한 교육기관이라는 것은 부정
할 수 없다.

영국의 사립학교(Public School, 오랜 전통을 지닌 영국의 중등사립학교
를 일컫는 말)는 대부분 대학 입시를 준비하는 학교를 칭하는데, 5세에
서 8세까지 학생들이 다니는 준예비 학교와, 8세에서 13세까지의 학
생들이 다니는 예비 학교도 있다. 옥스퍼드에는 옥스퍼드 하이 스쿨
Oxford High School, 엠마 왓슨이 졸업한 헤딩턴 스쿨Headington School 등 좋
은 사립학교가 많다. 그중에서도 가장 유명한 학교는 예비 학교인 드래
건 스쿨Dragon School이다. 한국에서도 잘 알려진 작가인 알랭 드 보통을
비롯해서 엠마 왓슨과 같은 세계적으로 유명한 배우들도 이 학교 출신

9 닉 데이비스, 《위기의 학교》(2007), 우리교육
10 후쿠다 세이지, 《영국 교육의 실패와 핀란드 교육의 성공》(2007), 북스힐

이다.

영국에 살면서 가장 궁금했던 점이 왜 영국의 유명한 배우 혹은 음악가와 같은 아티스트들이 사립학교 출신이 많을까 하는 것이었는데, 이들 사립학교에서 제공하는 취미 활동의 종류와 수준을 보고 그 해답을 알게 되었다.

셰익스피어가 탄생한 나라답게 영국에서는 드라마(연극) 수업이 사립, 공립학교 상관없이 중등교육의 정식 과목으로 채택되어 있다. 실제로 영국 학교에서는 학업에 관련된 과목 이외에 체육, 음악, 미술, 연극과 같은 활동을 통해 아이들의 전인교육을 중요시한다. 영국은 내신 제도가 존재하지 않기 때문에 가능하기도 한데, 영국 학생들은 대학 입시에 관련되지 않는 과목이라도 자기가 좋아하거나 관심 있는 영역과 관련된 과목을 선택하고 이에 적극적으로 참여하는 것을 미덕으로 여긴다.

부모들이나 교사는 학생들의 활동을 적극적으로 지원하며, "너희들에게 주어진 이 수많은 기회를 누려라. 기회는 누구에게나 열려 있다." 라고 강조한다.[11] 그래서 학생들은 음악, 미술, 연극, 체육 등도 열심히 하면서 바쁘게 지낸다.

장학사들이 학교를 시찰할 때도 "학업 성과 외에 학생들이 얼마나 다양한 체육 활동을 하고 있는지, 얼마나 유익한 현장 체험 학습을 하

11   김은영, 《영국 교육은 무너지지 않았다》(2014), 좋은땅, 120쪽

는지, 연극, 음악, 미술 활동을 통해 얼마나 행복한 학교생활을 하고 있
는지"를 학교를 평가하는 중요한 요소로 여긴다.[12]

사립학교에서는 예술 및 체육 활동을 훨씬 더 강조하고 학생들도 자
신들의 시간과 열정을 투자하여 할 수 있는 기회가 훨씬 더 많다. 세계
적인 뮤지컬 작곡가 앤드류 로이드 웨버가 졸업한 웨스트민스터 칼리
지는 동아리 활동으로 오페라를 만들어낼 뿐 아니라, 학생들이 동아리
활동으로 하는 합창단이나 소규모 오케스트라는 유럽 등지를 여행하
면서 콘서트를 펼치기도 한다.

이렇듯 영국 학생들은 입시를 위한 경쟁을 위한 공부와 더불어 다양
한 학과 및 활동을 초등학교, 중학교, 고등학교에 걸쳐 꾸준히 경험함
으로써 자신이 좋아하고, 잘하고, 원하는 진로에 대해 미리 생각하고
깨달을 수 있는 기회를 갖는다.

노블레스 오블리주,
리더의 조건

이렇게 많은 활동과 기회가 있다고 해서 사립학교에서의 생활이 편

안할 것이라는 생각은 오해다. 오히려 영국의 사립학교는 교육의 주안점을 '정신과 육체의 단련'에 둔다. 중고등학교 생활을 "좋은 철을 단련시키기 위해서 한 번쯤은 반드시 거치지 않으면 안 될 뜨거운 용광로로 여긴다. 이 고난을 버텨내지 못하는 존재는 이후 그 앞에 기다리고 있을 더더욱 가혹한 인생의 시련을 견뎌낼 수 없다고 생각하기 때문에 풀무불에 철을 단련하는 것처럼 내려치고 또 내려치고 다시금 내려치는 것을 미덕으로 여기는 것이 사립학교의 본질"이라고 본다.[13]

즉 인생 전체를 볼 때 가장 감수성이 예민한 시기에 있는 청소년들에게 정신과 육체의 단련을 위한 엄격한 규율과 기숙사 생활을 강요하는 것은 이들이 졸업 후 대학 및 사회에 나가서 이 사회의 리더로서 맞닥뜨릴 많은 난관과 도전들을 헤쳐 나갈 수 있는 기초 소양을 이 시기에 갖춰야 한다고 여기기 때문이다.

워털루 전투를 승리로 이끈 웰링턴 장군은 워털루의 승리는 전장에서 얻어진 것이 아니라 이튼Eton 교정에서 얻은 것이라 말했는데, 이는 이튼 칼리지Eton College로 대표되는 영국 사립학교들이 오랜 세대에 걸쳐 가지게 된 전통적인 정신교육의 탁월함을 강조한 것이다.

이런 교육을 통해 영국에서는 국가적인 어려움에 자신을 희생하는 책임을 다하는 엘리트들이 만들어진다. 영국 최고의 사립 명문고인 이튼 칼리지 출신 사람들이 제1차 세계대전에만 5619명이 참전해

13   이케다 기요시, 《자유과 규율 : 영국의 사립학교 생활》(2016), AK커뮤니케이션스, 15쪽

1157명이 사망했고, 제2차 세계대전에서는 4670명이 참전, 748명이
사망했다. 옥스퍼드에서 열리는 중요한 연례행사 중의 하나가 1차,
2차 세계대전에 참전해 사망한 옥스퍼드 대학 학생들을 기리는 것이
다. 이날 길거리에 많은 사람들이 영국군을 상징하는 양귀비꽃 모양
의 배지를 하고 다니며, 옥스퍼드 시 광장에서는 이들을 위한 추모식
을 연다.

엘리자베스 여왕 역시 제2차 세계대전 당시 차량 정비 장교로 참전
하기도 했다. 나치의 공격이 한창이던 1940년대 전반에 그녀가 사춘
기 소녀였음을 생각할 때, 상징적이었다고 한들 그녀가 보여준 행동이
야말로 영국 상류층의 노블레스 오블리주noblesse oblige 정신을 대표한
다고 볼 수 있다.

사립학교 아이들의
하루 일과

자신이 물려받은 부와 권력 그리고 명예를 책임감 있게 사용하는
'교양'을 쌓기 위해 엄격한 규율과 다소 과도하다 싶은 학업과 활동을
통해 교육하는 곳이 바로 영국의 사립학교다. 실제로 사립학교에 기숙
하는 학생들의 하루 일과는 정말 빡빡하다.

사생활을 중시하는 영국인들의 성향으로 대부분의 학생들이 독립된

83

공간을 가지고 있긴 하지만, 아침 일찍 기상해서 저녁까지 이어지는 스케줄 때문에 방에서 지낼 수 있는 시간이 많지는 않다.

주로 9시부터 수업을 시작해서 점심 식사 전까지 수업을 하고, 점심 이후에는 4시까지 수업을 받게 된다. 그 다음에는 저녁 식사 전까지가 대부분 각자의 취미 활동과 클럽활동을 할 수 있는 시간으로 주어진다. 그리고 저녁 식사 후에는 다시 기숙사로 돌아가서 독서나 공부를 한 후 9시에서 10시쯤 취침을 하게 된다.

사립학교에서 식사는 전체가 함께 하는데, 이때 먹는 식사의 양이나 질도 우리가 생각하는 것과는 달리 매우 간소하다. 이들에게 주어지는 식사는 소량의 고기나 생선이 들어간 메인 요리와 구운 야채 혹은 샐러드뿐이다. 보통의 가정에서와 달리 간식이나 야식을 따로 주지 않아 (물론 몇 조각의 빵이나 케이크와 홍차 등을 간식으로 주는 학교들도 있지만, 이것조차도 사춘기 청소년들에게는 아주 적은 양일 수밖에 없다) 포만감은커녕 공복감을 느낄 정도다.

사립학교에서 생활하는 학생들이 인생에서 발육이 가장 왕성한 12세에서 18세 사이의 아이들인데 왜 이렇게 식사를 간소하게 주는지 의아했다. 그런데 식사조차도 교육의 연장선 상에서 이해하고 있다는 사실을 알게 되었다. 소식小食이야 말로 절제와 인내심을 배우기에 가장 좋은 교육 방법 중 하나라 여겨, 식사조차도 철저하게 계산하는 영국인의 교육철학에 나는 감탄할 수밖에 없었다.

자율과
규율의 관계

　영국의 명문 사립학교에서는 정해진 교칙에 절대 복종해야 하고, 종교와 운동은 강제적으로 부과하며, 외출은 거의 허락되지 않는다. 자기만의 시간도 없고, 영화를 볼 시간적 여유도 없으며, 복장은 끊임없이 점검받고 수염 깎기를 게을리하는 것마저 교칙 위반이 된다. 그리고 질적으로나 양적으로 절대적으로 부족한 식사에 만족해야 하고, 세세한 과오도 준엄한 처벌을 받게 된다.

　개인의 자유와 사생활을 중요하게 여기는 영국인들이 언뜻 보기에도 학생들의 자유를 무자비하게 침해하는 것 같은 사립학교에 보내려고 애를 쓰는 이유는 뭘까? 도대체 이들이 생각하는 자유란 어떠한 모습일까? 이에 대해 영국의 사립 명문 학교를 졸업하고 케임브리지 대학에서 수학하여 일본에 돌아가 문학 교수가 된 이케다 기요시는 '영국식 자유'의 개념을 다음과 같이 설명한다.

> "이러한 것들 모두가 자유의 전제인 규율이다. 자유와 방종의 구별은 많은 사람들이 언급하는 바이지만, 결국 이 양자를 구별하는 것은 이를 뒷받침하는 규율이 있는가 하는 점에 의한 것이 명백하다. 사회에 나가 편안한 자유를 향유하기 이전에 그들은 우선 규율을 몸에 익히는 훈련을 해야 한다."[14]

나는 비록 이케다 기요시 교수처럼 영국의 사립학교에서 중고등학교 시절을 보내진 않았지만, 옥스퍼드 대학에서 학사, 석사, 박사 과정을 공부하고 명문 사립고를 졸업한 많은 영국인들과 교류했기 때문에, 기요시가 외부인으로서 관찰한 영국식 자유가 무엇인지 조금은 알 것 같았다. 그리고 영국 사립학교에 대해 공부하면서, 내가 다녔던 민사고(민족사관고등학교)의 너무나 엄격했던 학교생활이 어떠한 근거에서 나온 것인가에 대해 이해할 수 있었다.

영국 학교의 엄격함을 들은 지인들이 영국 유학 생활에 대해 물어보면, "나는 민사고에서의 생활이 옥스퍼드보다 훨씬 힘들었어. 그래서 옥스퍼드에서는 힘들지 않고, 완전 날라 다녔어."라고 웃으며 농담할 정도다.

민사고 설립자가 영국 이튼 칼리지를 직접 다녀와서, 그곳의 교육철학과 양식에 반해 이를 모델로 해서 학교를 만들었다는 이야기는 공공연한 비밀이었다. 그때는 그 이야기가 도대체 무슨 의미를 내포하고 있는 것인지 잘 몰랐다.

실제로 민사고는 영국 사립학교의 스케줄에 한국적인 '부지런함'이 더해져서 좀 더 강도 높은 생활 및 인성 훈련이 이루어졌다. 영국 학생들이 아침 7~8시 사이에 기상을 한다면 민사고에서는 새벽 6시에 일어나서 기체조 혹은 검도 같은 아침 운동을 했다. 영국 학교에서 저녁 자율 학습이 오후 9시까지 이루어진 반면에, 민사고에선 자정까지 '자율 학습'이란 이름 아래 '타율 학습'이 교육관 3층에 있었던 공동 학습장에서 선생님의 감독 아래 이루어졌다.

정해진 수업 시간이나 활동 시간에 늦거나 혹은 기숙사 청소를 제대로 하지 못할 경우, 회초리 맞기 혹은 400미터 올림픽 사이즈 트랙이 있는 운동장에서 토끼 뜀뛰기와 같은 체벌이 주어지는 등 학교에서의 규율은 정말 상상을 초월했다.

한창 감수성이 예민한 사춘기 시절에 생전 처음 부모님을 떠나서 생활해야 하는데다, 공동체 생활을 하다 보니 생기는 크고 작은 이상한 일들, 전국에서 날고뛴다는 아이들이 모였기에 학업과 활동에서 어쩔 수 없이 해야 하는 경쟁 그리고 무엇보다 너무나 엄격한 규율 때문에 말도 못하는 스트레스를 받았다. 그때는 시간이 생기면 부모님이나 학교 밖에 있는 친구들에게 울며 전화해서 '과연 이 학교에 계속 다녀야 할 것인가?'를 고민했었다.

밖에서 볼 때는 자사고 같은 사립학교야 말로 사회적 계층을 심화시키고 교육을 통한 부의 대물림을 공고화하는 것처럼 보이지만, 학교 안에서는 용광로 같은 연단의 과정을 거치며 아이들을 단련시킨다.

이와 같은 논란은 영국도 가지고 있다. 하지만 이런 저런 단점에도 불구하고 영국에서 사립학교들을 아직까지도 용인하고, 사립학교를 졸업한 사람들에 대해 사회적으로 인정하고 존경하는 이유는 규율 속에서 자유를 구사하여 공동체와 사회를 위해 헌신하고 바른 방향으로 리드하는 지도자들이 있었고, 그들이 자신들은 사립학교에서의 그런 훈련을 통해서 공동체를 향한 헌신을 배웠다고 고백하기 때문이 아닐까?

박사 과정까지 마치고 한 아이의 엄마가 된 지금까지도 내 인생에서 가장 힘들었던 시기를 꼽으라면 민사고 시절이라고 할 수 있다. 하지만 이케다 기요시 교수가 정의한 영국식 자유에 의하면 민사고 시절의 규율이야 말로 영국 옥스퍼드에서 그리고 성인이 되어 사회에서 내가 누린 여러 자유와 특권을 만끽할 수 있게 해 주었던 자양분임을 부정하지는 않는다.

영국 학부모들은 스스로 (연단에서 나오는 효과가 얼마나큰지) 경험을 했기에 그 고통을 알면서도 자식에게 이 길을 다시 걷게 할 뿐만 아니라, 교육에서 이러한 가혹한 과정을 거치는 것이 올바르다고 믿고 전폭적으로 지지한다. 나도 나의 아이에게 이러한 학교생활을 권유 혹은 강요할 수 있을까? 본인이 그 길을 선택한다면 적극적으로 지지하겠지만, 솔직히 말하자면 나도 두렵다.

사립학교의 경험을 토대로 쓴 영국의 작가 에블린 워Evelyn Waugh의 소설 《쇠퇴와 타락Decline and Fall》에서 주인공이 사립학교 생활을 "정신병원 혹은 비슷한 기관에서 구금되어 있었던 시기"라고 표현했는데, 아직까지도 나에겐 고등학교 때의 엄격하고 숨 막혔던 경험이 무의식에 상처로 남아 있는 것 같다. 그래서 이런 시련을 '일부러' 허락하는 영국 엄마의 용기가 부럽기도 하다.

모든 교육의
시작은 가정에서

영국에서 학교교육을 중요하게 여기지만 실제로 영국의 정치인들을 위시한 엘리트 계층 사람들은 가족만의 시간을 가장 중요하게 생각한다. 그래서 아무리 바쁘더라도 가족을 위해 시간을 내는 것을 당연하게 여긴다.

가족 간의 시간에서 가장 중요한 것은 무엇보다도 자녀들의 이야기를 듣고 대화할 수 있는 시간을 확보하는 것이다. 이런 대화를 통해 자녀들은 부모가 유명인이라는 특권 의식을 벗게 되고, 교우 관계에서나 학교생활에서 평범한 학생처럼 친구를 사귀게 된다. 또한 무엇보다 이를 통해 부모에게 의존하는 것이 아닌 스스로의 삶을 개척하고 계획하는 현실 감각을 배우게 된다.

영국에서 가장 인기 있었던 전前 수상인 토니 블레어도 아버지가 사립학교를 나와 법학 교수로, 그 자신도 옥스퍼드 대학에서 법학을 공부하여 변호사를 하다가 정계에 진출한 엘리트 출신이다. 하지만 그는 대학 입학 전 영국 학생들이 갖는 갭이어(Gap Year, 학제 중간 혹은 학제와 학제 사이에 시간을 갖고 자신이 하고 싶은 일을 하며 흥미나 적성을 찾는 시간을 말한다.) 때 프랑스 파리에 가서 스스로 낯선 곳에 살면서 웨이터로 일도 해 보고 사람들과도 부대껴 보는 시간을 가졌다.

영국인들이 가장 사랑하는 다이애나비도 귀족 가문 출신이었지만 찰스 왕세자와 결혼 전에 베이비시터와 웨이트리스 등의 아르바이트를 했었다. 이런 경험은 나중에 두 왕자를 키우면서 자녀들로 하여금 '왕궁 밖의 세상'과 교류하라고 강조했던 그녀의 자녀 교육철학에도 영향을 미쳤다.

가장 가까이에서 보았던 영국 가정인 에드 목사님 부부의 자녀들을 보면서 가장 훌륭하고 중요한 교육은 가정에서 시작된다는 것을 느낄 수 있었다. 그리고 어쩌면 이런 가정교육이야말로 부모 자신들이 살아온 삶의 궤적과 삶에 대한 철학을 반영한다는 생각을 했다.

에드 목사님은 영국 중산층 출신에 옥스퍼드에서도 귀족 학생들이 많이 다니는 모들린 칼리지Magdalene College에서 역사를 전공하셨다. 졸업 후에 결혼을 하고 사모님과 함께 남아프리카로 선교를 다녀온 후 다시 모교인 옥스퍼드대에서 신학 박사 과정을 밟고 계시는 영국 엘리트 계층이었다.

영국에 살면서 그리고 영국 교육에 대해 공부하며 영국인의 자녀 교육의 면면을 보면서 결국 교육에서 가장 중요한 부분은 부모가 아이를 키우는 데 있어서 어떤 가치를 최우선으로 삼는가 그리고 그 가치를 지키기 위해 어떤 선택을 하는가라는 생각이 들었다.

영국 엘리트 계층이 자녀들을 젠틀맨으로 성장시키기 위해서 원칙으로 삼는 가치야 말로, '함께 사는 세상에서 상대방을 이해하고 배려하며 기다릴 줄 아는 인격'이며, 이런 교육을 받은 이들이 지금의 영국을 이끌고 있는 것이다.

3
_____

미국

_____

혁신 교육은
_____

어디에서
_____

오는가?
_____

"자유로워지는 기술보다 더 멋진 것은 없습니다.
하지만 어떻게 자유를 사용하는지를 배우는 것보다 어려운 것도 없습니다.
Nothing is more wonderful than the art of being free,
but nothing is harder to learn how to use than freedom."

- 알렉시 드 토크빌 Alexis de Tocqueville

○　**혁신 교육은
어디에서 오는가?**

미국은 정치, 군사적으로도 세계 최강대국일 뿐만 아니라 실리콘밸리로 대변되는 첨단산업을 선도하는 혁신적인 국가로 알려져 있다. 실리콘밸리의 탄생을 가능케 했던 바탕에는 세계 최고의 교육의 질을 제공하며 전 세계 인재들을 자석처럼 끌어당기는 스탠퍼드 대학과 같은 미국 대학들의 혁신과 도전이라는 문화적 매력이 있다.

과연 미국 대학들은 어떻게 이런 세계적인 경쟁력을 지니게 되었을까? 미국 대학이 가진 문화적인 매력은 무엇인가? 무엇이 미국에서 대학과 산업과의 긴밀한 협력을 가능케 하는가? 창조적 혁신을 가능하게 한 기업가들을 양성해 낸 미국 교육의 비밀은 무엇일까?

벤처기업에서
만난 친구들

샌프란시스코의 하늘은 참 푸르렀다. 구름 한 점 없는 청명한 하늘을
배경으로 길게 늘어져 있는 금문교가 햇빛에 반짝거렸다. 리처드의 조
그마한 자동차의 창문을 열고 손을 빼꼼 내민 다음 밀려오는 바람의
감촉을 느꼈다. 그런 나를 리처드는 흐뭇하게 쳐다보면서 말했다.

"서부는 동부랑 확실히 분위기가 다르지?"

"응, 여긴 마치 우리가 숨 쉬는 공기까지 자유가 묻어 있는 듯해. 하
하하."

리처드는 내가 교육 벤처 회사인 바틱에서 일했을 때 함께했던 동료
였다. 한국 지사에서 미국 본사로 출장 온 나를 리처드가 공항으로 마
중을 나온 것이다. 바틱은 한창 페이스북으로 미국 서부가 들썩거리던

시점에 미국 아이비리그 학생들이 의기투합해서 만든 벤처 회사로, 교육 서비스를 제공하는 국제적인 온라인 플랫폼을 만들겠다고 투자를 받아 설립되었다.

한국의 뜨거운 교육열을 유학생 친구들로부터 익히 들어 알고 있었던 바틱의 창립자들이 첫 번째 교육 기업의 테스팅 마켓을 한국으로 잡은 것은 어찌 보면 당연했다. 당시 나는 대학을 졸업하고 진로에 대해 고민하고 있던 차였는데 고등학교 후배의 소개로 이들을 알게 되었고 그들의 꿈과 동기에 설득되어 대학 졸업 후 첫 직장으로 바틱을 선택하게 되었다.

바틱의 본사는 샌프란시스코에 있었다. 한 시간이 채 안 되어 우리는 바틱의 사무실에 도착했다. 그곳은 공장같은 허름한 곳 한편에 컴퓨터 몇 대와 책상을 가져다 놓은 것이 전부인 황량한 공간이었다. 이곳에는 나와 비슷한 또래의 10명 남짓한 청년들이 일을 하고 있었는데, 마침 점심시간이었는지 모두 샌드위치를 하나씩 들고 컴퓨터를 들여다보고 있었다.

리처드는 그동안 내가 한국과 미국을 건너 온라인으로 같이 일을 했던 사라를 소개해 주었다. 사라는 스탠퍼드대에서 영문학을 전공하고 있는 학생으로, 휴학을 하고 바틱의 교육 프로그램에서 커리큘럼 만드는 작업을 담당했다. 나와 사라는 한국 중고등학생들을 대상으로 한 말하기speaking 및 쓰기writing 커리큘럼을 함께 개발했다. 지난 6개월 동안 이메일과 인터넷 전화, 화상 통화로 일을 해 왔지만, 그날이 첫 대면이었다.

전화를 할 때는 목소리도 크고 말도 엄청 빨라서 매우 공격적인 성격의 소유자일 거라 생각했는데, 막상 만나 보니 빨간 머리에 왜소한 학생이었다. 하지만 이야기를 해 보니 큰 눈망울을 반짝반짝거리면서 막힘없이 대화를 이끌어가는 것이 엄청 똑똑한 아가씨임이 분명했다.

사라는 2박 3일간의 짧은 샌프란시스코 출장 동안 나의 말동무가 되어 주었다. 사라를 통해 들었던 이야기 중 가장 놀라웠던 것은 그곳에서 일하는 대부분의 미국 학생들이 거의 무급이었고, 급여를 받아도 아르바이트비 정도만 받고 일을 한다는 사실이었다.

한국에 있는 바틱의 사무실은 삼성 코엑스 옆의 아셈타워 12층에 있는 월세만 천만 원이 넘게 나가는 아주 고급 사무실이었다. 그리고 나는 계약직으로 많은 돈은 아니었지만 그래도 내가 하는 일에 대한 수당은 꼬박꼬박 받고 있었다. 그래서 미국에서 일하는 직원들도 모두 한국 직원들과 같은 대우를 받고 있을 줄 알았다.

한국에서는 학생과 학부모들을 고객으로 유치하기 위해 상담을 해야 하니 전략적으로 고급 사무실을 선택했다는 걸 그때서야 알았다. 물론 한국 사무실에서 우리와 같이 일을 했던 공동 창립자도 체류비만 받고 거의 무보수로 일하고 있었던 것이다.

그럼에도 불구하고 이들의 얼굴에는 공통적으로 뭔지 모를 열정이 느껴졌다. 나는 너무나 궁금해서 샌프란시스코를 떠나는 마지막 날 사라에게 물었다.

"돈도 안 받고, 이걸 위해 휴학까지 했는데, 그러다가 바틱이 망하면 어떡하니?"

"물론 내게 같이 사업을 해 보자는 제안이 들어왔을 때 이 사업이 실패할 확률에 대해서도 생각해 보았어. 그런데 그게 뭐가 중요해. 1년 동안 정해진 공부 이외에 무언가 새롭게 창조해 내는 일을 해 보는 것은 별로 손해 볼 게 없다고 봐. 비록 돈은 못 벌었더라도 나는 경험과 인맥과 그리고 무엇보다도 나에 대해서 배우는 기회를 갖게 될 테니까. 그리고 최악의 경우가 온다 해도 이런 경험은 취업할 때 이력서에 엄청 좋은 경력이 될 거야. 그래서 결국 내가 손해 볼 건 하나도 없는 거지. 그리고 만약 성공하면? 그럼 우린 대박이야! 하하하."

안타깝게도 바틱은 창업 후 1년여 만에 문을 닫게 되었다. 그러나 8개월 남짓 이들과 함께 일한 경험은 나에게 아이비리그 대학생들을 비롯한 미국 인재들과 엘리트 교육의 단면을 가까이에서 관찰할 수 있는 기회가 되었다.

바틱에서 만났던 사라와 리처드를 비롯한 학생들은 전형적인 미국 엘리트 대학생들의 사고방식을 가감없이 보여 준다. 그것은 바로 '도전정신, 오픈 마인드 그리고 자존감'이다. 이는 비단 아이비리그로 대표되는 미국 엘리트 대학의 학생들뿐만 아니라 이들이 지도자가 되어서 이끌어 가게 되는 미국 사회의 바탕에 있는 정신이라 볼 수 있다.

세계경제를 주도해 가며, 미래 사회와 새로운 시장을 개척해 나가는 미국 비즈니스 리더들, 특히 실리콘밸리로 대표되는 젊은 미국의 기업가들이야말로 이 정신spirit과 교육education의 자양분 속에서 만들어진 인재들이라고 할 수 있다.

미국의
교육제도

사실 미국이란 나라 자체가 워낙 다양한 인종과 문화, 계층의 사람들로 구성된 이민자의 국가이기 때문에 교육제도 및 철학 자체를 정의하기는 쉽지 않다. 게다가 주 정부의 자치권을 인정하는 미국에서는 교육 분야 역시 주 정부에 맡기고 있어 주마다 교육제도 및 정책도 많이 상이하다.

미국의 학제는 주마다 다른데 4-4-4-4제, 4-8-4제를 채택한 주도 있지만, 기본적으로 초등 6년, 중등 3년, 고등 3년의 6-3-3제도로 한국의 학제와 비슷하다. 실제로 우리나라의 학제가 미군정 시기(1945~1948) 미국의 학제를 모델로 한 것이라 기본적인 시스템에서 미국과 매우 유사하다고 볼 수 있다. 한국의 중학교 3학년에 해당하는 9학년을 고등학교의 첫 학년으로 간주해서 보통 9학년 학생들을 '신입생 Freshman'이라 부른다.

연방 정부 및 주 정부의 공공 자금으로 운영되는 공립학교는 유치원 (만5세)부터 중등학교까지 의무교육인데 미국 학생들의 86퍼센트가

공립학교에 다니고 있고, 종교적인 이유 혹은 교육의 질 때문에 사립학
교를 가기도 한다.

　미국의 공립 초등학교는 한국과 같이 교사 한 사람이 한 학급을 맡
아 20~30명 정도의 학생들을 가르친다. 중학교에서는 영어, 수학, 사
회, 과학, 체육 등이 주요 과목이고, 불어, 독어, 스페인어와 같은 외국
어와 음악, 미술 같은 예능 과목이 선택과목이다. 중학교부터는 학생들
이 강의 시간마다 학과 교실을 찾아가서 수업을 듣는다.

　한국에서와 마찬가지로 미국에서도 대학에 입학하기 위해서는 고등
학교까지 졸업을 하는 것을 기본으로 한다. 하지만 대학에 진학하는 비
율을 따져 보면 고등학생의 80퍼센트 이상이 대학에 입학하는 한국과
는 달리 미국의 대학 입학 비율은 아직 60퍼센트에 머물고 있다.

　대부분의 학생들은 고등학교에서 대학 입시 혹은 직업교육을 선택
하게 된다. 대학에 진학할 학생들은 주로 교양 과목이나 수학 등에 치
중하고 고교 졸업 후 오피스 직업을 원하는 학생은 회계학·경영학 등
을 선택해서 듣는다. 반면에 기술 계통 직업을 선택할 학생들은 공업을
선택한다. 미국에서는 고등학생들을 성인으로 간주하고 스스로 인생을
개척할 수 있는 독립심을 기를 수 있도록 학교와 가정에서 노력을 하
고 있다.

　미국은 국공립 대학의 비율이 73퍼센트로 사립대학의 비율이 90퍼
센트에 육박하는 우리와는 달리 사립대학의 비율이 현저히 낮은 편이
다. 하지만 미국 사립대학은 전 세계 인재들을 흡수할 정도로 세계 최
고 수준에 있다. 이 때문에 유럽에서는 미국 고등교육 경쟁력을 따라가

기 위해서 '볼로냐 프로세스Bologna Process'[15]를 만드는 등 여러 가지 노력을 기울이고 있다.

공교육의 위기를
극복하기 위한 시도

세계에서 자본주의가 가장 발달한 나라인 미국은 경제적인 면에서의 빈부 격차를 반영하듯 교육 격차도 큰 나라 중 하나이다. 실제로 1970년대부터 미국 기업들의 국제 경쟁력이 하락한 가장 큰 원인으로 공교육의 문제를 지목했다. 미국 기업가들과 공무원들은 "고등학교 졸업자들이 직업 현장에 전혀 준비되어 있지 않았고, 학력 평가에서 낮은 점수를 받았으며, 도시에서는 학교 폭력이 만연하다"고 지적했다.[16]

이에 1983년 미국 대통령 위원회에서는 〈위기에 처한 국가A Nation at Risk〉라는 보고서를 발간, 공립학교에 다니고 있는 미국 학생들의 성취도가 국제적으로도 평균 수준을 밑돌고 있으며, 이런 교육적 하락이 미국의 세계경제 시장에서의 하락을 불러왔다고 진단했다.

---

15   볼로냐 프로세스란 유럽 고등교육 시스템 통합 프로그램으로, 유럽 대학들의 경쟁력을 높이
      기 위해 1999년 영국, 프랑스, 독일, 이탈리아의 4개 국가들이 이탈리아 볼로냐에 모여 출범
      시킨 프로그램이다. 유럽연합이 아닌 국가들도 참여하여 회원국이 47개에 달한다.
16   세라 먼데일, 세라 B. 패튼, 《스쿨: 미국 공교육의 역사 1770-2000》(2014), 학이시습, 143쪽

〈위기에 처한 국가〉 보고서는 미국 사회 및 교육계 전반에 큰 충격을
주었고, 새로운 교육제도에 대한 필요가 제기되었다. 이에 주 정부들은
대대적인 교육개혁을 단행하였다. 교육 연한 연장, 새로운 시험 체제
도입, 교육과정 개편, 성취 기준 조정은 물론 주중 수업 시간 및 주요
교과(영어, 수학, 과학, 사회, 컴퓨터) 시간의 확대, 교육과정의 표준화 및
표준 능력 평가 확대, 교원 역량 및 전문성 제고, 시장 요구에 부합하는
학생 능력 확대, 교육개혁을 위한 교육 전문가 및 정부, 기업과의 협력
적 파트너십 강화 등 공교육의 질을 높이기 위한 다양한 정책을 시도
했다.[17]

미국은 주 정부의 자치권을 인정하기 때문에 각 주마다 다른 교육과
정으로 수업을 하며, 각각 다른 방식으로 시험을 보고 학력을 평가한
다. 이런 각기 다른 교육과정과 교육 계획이 미국 전체적으로는 손실을
가져온다며 전국적으로 표준화된 평가 기준에 대한 필요성을 주장하
는 사람들도 늘어났다.

그래서 2000년대 들어서자 중앙정부가 나서 코먼 코어Common Core
를 장려하기 시작했다. 코먼 코어는 학교와 거주하는 지역에 상관없이
미국에 사는 모든 학생들이 동등한 레벨의 교육을 받을 수 있도록 표
준화된 기준을 마련한 것이다. 전국의 모든 학생을 동일하고 일관된 기

---

17   세라 먼데일, 세라 B. 패튼, 《스쿨: 미국 공교육의 역사 1770-2000》(2014), 학이시습, 143쪽

준으로 평가를 하여 미래에 대학에 가거나 고등교육을 받을 때 무리가 없도록 도와준다는 취지로 만들어졌다.

2015년까지 교육부 장관으로서 6년 동안 재임했던 안 던컨Arne Duncan 장관은 미국 학교들이 표준화된 시험들을 더 많이 도입하는 정책을 주도했다. 그로 인해 코먼 코어 교육과정도 더 광범위하게 도입되었다. 새로운 평가 방법 및 교육과정을 도입한 이유는 학생의 학습 성취도 및 교사의 실적에 대한 평가를 통해 데이터를 수집하고, 이를 토대로 한 공통된 표준을 공유함으로써 교육의 질을 개선한다는 것이다.

하지만 안 던컨 장관도 자신의 임기 끝에 결국 인정했던 것처럼, 이러한 과도한 시험 중심의 교육과정 개혁이 일선 학교의 수업을 기형적으로 만들었다는 비판의 목소리가 미국 교육계 전반에서 나오고 있다. 이에 따라 지난 30년 동안의 시험 중심의 교육개혁에 대해 반성하며 새로운 교육개혁의 방향을 모색하기 위해 미국 교육계와 정치계는 고민하고 있다.

지난 교육개혁에서 가장 특이한 점은 미국 공교육에 기업의 논리가 확대되었다는 것이다. 지난 20년간 기업가, 공무원 그리고 교육가들은 학부모의 학교 선택권을 확대하고, 민간 기업으로 하여금 공립학교를 운영할 수 있도록 하는 법적 제도적 장치들을 마련했다. 그리고 기업 지도자, 공무원 그리고 교육가로 이루어진 '정치적 동맹'은 '시장 경쟁, 선택 그리고 책임'이라는 기업의 경영 방식을 미국 학교에 급속하게 전파하였다.

이런 개혁으로 생긴 대표적인 학교가 '차터 스쿨Charter School'이다.

차터 스쿨은 교사 집단이나 기업 혹은 다른 형식의 운영 주체가 주정부 교육청에서 공적 자금을 지원받아 사립학교처럼 학교를 자유롭게 운영하고, 3년 내지 5년간의 운영에 대한 평가 결과에 따라 지속 여부를 결정하는 새로운 시스템의 학교를 총칭한다.

그리고 미국의 대안 학교라 불리는 '마그넷 스쿨Magnet school'은 과학, 수학, 외국어, 예체능 등 특정 교과나 몬테소리 교육 방법 등과 같이 특정 교육 방법에 따라 특성화된 학교를 일컫는다. 한국의 대안 학교와 다른 것은 사립이 아니라 주 정부의 지원을 받는 공교육 시스템의 하나라는 것이다. 이 학교는 학생들이 학군과 상관없이 선택할 수 있다.

또한 교육비와 관련된 변화도 있었다. 학생이 원하는 학교를 지원하고 학부모가 주 정부에 교육비를 신청하면 그 비용을 주 정부가 바우처로 제공하는 교육비 지불 보정 제도Voucher System라는 것도 운영되고 있다.

이런 제도들의 공통점은 공교육에서 학부모의 선택권Parental Choice을 보장해 준다는 것이다. 곧 공교육 안에서도 학부모들이 아이의 특성에 맞춰 학교를 선택할 수 있다. 그런데 학부모의 선택권을 늘리는 이유는 무엇일까?

학부모 및 학생들이 돈에 관계없이 우수한 교육을 제공하는 학교를 선택하게 하면 학교 간에 경쟁을 하게 될 것이고, 그러면 장기적으로 그리고 교육 시스템 전반적으로 학교교육의 질이 향상되고 학교들의 수준이 상향 평준화될 것이라 기대하기 때문이다. 그것은 '교육을 관료와 정치로부터 독립시켜 교육의 질을 높인다'는 전제 하에 나온 제도들이다.[18]

차터 스쿨, 마그넷 스쿨 그리고 바우처 시스템 등의 새로운 제도를 만들어 낸 교육개혁의 기저에는 '교육의 질 향상'이 최고의 가치라는 신념이 자리 잡고 있다. 이런 신념은 미국의 공립학교와 사립학교의 격차가 너무나 크기 때문에 이 차이를 줄여야 한다는 문제의식을 반영한다.

사회, 경제적인 이유로 공립학교를 선택할 수밖에 없는 학생과 학부모조차도 우수한 교육의 질을 제공하는 사립학교 혹은 그에 준하는 교육의 질을 받을 수 있는 '권리'를 인정하고 이들 학교에 진학할 수 있는 '기회'를 주자는 것이 이 교육개혁을 이끌고 있는 사람들의 근본적인 생각이다. 그렇다면 도대체 미국의 사립학교는 어떤 교육을 학생들에게 제공하는 것일까?

미국의 사립학교가 제공하는
우수한 교육

미국에서 사립학교는 초등학교부터 있으며 별도의 서류 전형 및 구두시험 등을 통해 입학하게 된다. 부모들은 자녀들이 양질의 교육을 받도록 하기 위해서나 종교적인 이유로 자녀들을 사립학교에 보낸다.

직업교육을 제공하는 공립 고등학교와는 달리 대부분의 사립 고등학교는 대학 진학에 중점을 두는 교육과정을 운영하고 있으며, 이런 학교들은 공립, 사립 구분 없이 대학 진학 예비 학교College Preparatory School 라고 불린다.

대학 진학 예비 학교에도 명문고가 존재하는데 필립스 엑서터 아카데미Phillips Exeter Academy와 자매학교인 필립스 앤도버 아카데미Phillips Andover Academy, 디어필드 아카데미Deerfield Academy, 로렌스빌 스쿨The Lawrenceville School, 루미스 채피 스쿨The Loomis Chaffee School, 세인트폴 스쿨St. Paul's School, 초트 로즈메리 홀Choate Rosemary Hall, 태프트 스쿨The Taft School, 호치키스 스쿨The Hotchkiss School, 더 힐 스쿨The Hill School 등이 바로 그것이다. 이들 10개 학교를 묶어 TSAOTen Schools Admissions Organization라 부르기도 한다.

이들 사립학교의 학비는 사립대학 학비를 상회할 정도로 높다. 하지만 대부분의 학교들이 많은 장학금 혜택을 학생들에게 주고 있어 실력만 있다면 학비에 구애받지 않고 공부할 수 있다. 실제로 필립스 엑서터 아카데미와 로렌스빌 스쿨, 호치키스 스쿨 모두 35퍼센트 정도의 학생들에게 장학금 혜택을 제공하고 있고, 다른 학교들도 이에 준하는 수준의 장학금을 학생들에게 준다.

세인트 폴 스쿨 같은 경우 가정 형편이 어려운 학생들도 와서 공부할 수 있도록 쿡 장학금을 주는데, 이 장학금은 4년간 학비를 전액 제공할 뿐만 아니라 대학 4년간의 학비까지 제공한다. 또한 한 해 1000만 불이 넘는 장학금을 제공하는 필립스 앤도버 아카데미의 경우 40퍼센트에 달하는 학생들이 학자금 혜택을 받을 수 있어 저소득층 학생도 입학이 가능하다.

이들 사립학교들이 이렇게 많은 장학금을 학생들에게 줄 수 있는 이유는 사회적으로 성공한 졸업생들이 그 성공의 바탕이 되어 준 학교에 다시 기부를 하는 문화가 정착되어 있기 때문이다.

이들 사립학교들은 공립학교보다 훨씬 더 많은 학과목들은 가르친다. 예일 대학이 위치해 있는 코네티컷 주의 명문 사립학교 루미스 채피 스쿨에서 제공하는 학과목은 200여 개나 되고, 교사와 학생의 비율도 4:1 정도이다. 그리고 아버지 부시로 불리는 HW 부시 대통령이 졸업한 학교로 유명한 필립스 앤도버 아카데미는 300여 개가 넘는 학과목들을 18개의 단과로 나누어 가르친다. 이러니 정해진 학과목이 있고 보통 한 반에 20~30명 정도 학생이 공부하는 공립학교와 교육의 질에서 확실히 차이가 날 수밖에 없다.

펜실베니아 주의 더 힐 스쿨은 교사와 학생의 비율이 무려 7:1이다. 우수 공립학교들이 AP 수업(대학 과정을 고등학교에 미리 듣는 제도)을 16개 정도 개설한 반면에, 이 학교에는 23개의 AP 수업이 있다. 거기다 대학 입시를 위한 진학 지도를 돕는 칼리지 카운슬러도 많다.

무엇보다 이들 학교에서 중점을 두는 부분은 토론과 작문 시간을 통해 학생들의 사고력 및 발표력을 향상시키는 것이다. 특히 뉴햄프셔주의 필립스 엑서터 아카데미에서 하고 있는 토론식 수업인 '하크네스 교육법Harkness Table'이 유명하다. 하크네스라는 미국의 대부호가 친구가 교장으로 있었던 필립스 엑서터 아카데미에 기부를 하면서 이 교육법이 시작되어 이런 이름을 붙였다.

하크네스 교육법은 기존의 교사가 일방적으로 수업을 이끄는 강의 중심 수업에서 벗어나 교사와 학생들이 한 테이블에 앉아서 주어진 주제에 대해서 토론식 수업을 하는 교육 방법이다. 학생들은 미리 주어진 주제에 대해서 공부를 해 오고 수업 시간에 이에 대해 교사와 다른 학생들과 함께 심층 토론을 벌이게 된다. 필립스 엑서터 아카데미에서 시작된 이 하크네스 교육법은 이후 다른 사립학교로도 전파되었고, 이는 미국 중고등학교에서 전통적인 강의식 방법에서 토론식 방법으로 교육법을 전환시키는 데 중요한 역할을 했다.

대부분의 사립학교는 기숙사 생활을 장려한다. 아무리 뛰어난 능력을 가지고 있더라도 이를 받쳐 주는 인성이 없이는 직장에서나 가정에서나 롱런하기 어렵다. 그래서 사립학교들은 인격이 형성되는 청소년 시기의 중요성을 충분히 인식하고, 기숙사 생활을 통해 학생들이 자기 관리법과 공동체 의식을 배우게 하고 있다.

엄격한 도덕 교육으로 유명한 더 힐 스쿨에서는 "무슨 일에나 참되게(Whatsoever things are true)"라는 성경 말씀을 모토로 삼고 이를 실천하도록 가르치고 있다. 더 힐 스쿨의 학생들은 스스로 규칙을 만들고, 2주에 한 번씩 토론 시간을 거쳐 규칙이 잘 지켜지고 있는지 점검을 한다. 이런 규칙은 이 학교의 3가지 기본 원칙인 Honor Code에 의거하고 있다. 3가지 기본 원칙은 다음과 같다.

1. 우리의 말은 우리 인성의 힘을 표현한다.
Our word is an expression of the strength of our character.

2. 우리는 우리 것처럼 타인의 소유물도 존중한다.

We respect the property of others as we respect our own.

3. 우리의 학업은 우리 능력의 정직한 표현이다.

Our academic work is an honest expression of our ability.

필립스 엑서터 아카데미의 모토 역시 "지식이 없는 선함은 악하고 선함이 없는 지식은 위험하다."라는 Non Sibi(not for self, 자신만을 위해서가 아닌) 정신이다. 이 정신은 실제로 미국 최고이자 세계 최고의 대학으로 손꼽히는 하버드 대학의 교육 목표와도 일맥상통한다. 하버드 대학 출입문의 들어가는 방향에는 "지혜를 배우기 위해 들어가라(Enter to grow in wisdom)"라고 쓰여 있고, 나오는 방향에는 "나라와 인류를 더 잘 섬기기 위해 떠나라(Depart to serve better the country and thy kind)"라고 쓰여 있다.[19]

학교에서 배우는 지식과 지혜는 모두 이웃, 나라 그리고 더 나아가 인류를 섬기기 위해서라는 미국 엘리트들의 교육에 대한 인식을 이들 명문 사립학교의 모토에서 찾아볼 수 있다.

평준화 교육이 아니라
평등한 기회

미국 교육에 대한 연구를 하면 할수록 묘하게 독일에서 살 때 읽었
던 사회학자 막스 베버의 《프로테스탄트 윤리와 자본주의 정신》이 떠
올랐다. 내가 만났던 미국 엘리트 학생들의 면면이 막스 베버가 묘사했
던 청교도 정신을 많이 반영한다는 생각이 들었기 때문이다.

막스 베버는 영국, 독일과 같은 서유럽 국가들에서 자본주의가 빠르
게 발전하며 산업혁명이 일어날 수 있었던 원인들 중 하나를 이들 국
가의 국민들이 가지고 있는 프로테스탄트(개신교) 직업윤리에서 찾는
다. 그가 말하는 프로테스탄트 직업윤리란 직업의 귀천에 상관없이 자
신이 맡게 된 일과 직업을 신에게서 부여받은 고귀한 소명으로 여기고,
직업을 통해 얻게 된 부는 도덕적일 뿐만 아니라 신의 선물이자 명령
이라고 생각하는 것이다.

이런 직업적 소명 의식은 사치와 향락 그리고 태만을 죄로 여기는
청교도적 금욕주의와 만나 '합리적 자본주의'를 양산해 냈다. 즉 직업
을 통해 얻게 된 부를 자신의 사치와 향락을 위해 사용하지 않고 사회
와 공동체 및 자신과 가족을 위한 건전한 투자로 환원시켜야 한다는
것이다.

나는 막스 베버가 말한 '자본주의 정신'의 핵심은 인간을 건전한 '의
지'를 지닌 주체로서 보고, 이러한 의지를 '부 혹은 자본wealth or capital'
이라는 눈에 보이는 가치로 변환할 수 있는 '자유'를 옹호하고 격려하

111

는 데 있다고 보았다. 하지만 이러한 '자유'와 '주체성'이 사회적으로 보호받고 장려될 수 있었던 기저에는 청교도적 청빈주의의 문화가 자리 잡고 있었기 때문이다.

미국 건국 초기에 영국인들이 정착한 뉴잉글랜드 지역의 청교도 목사였던 코튼 매더는《선행록 Essay to Do Good》이란 에세이에서 "공공의 선을 위해 끊임없이 노력하지 않는 이들을 크리스천이라고 칭하도록 두어서는 안 되며, 선을 행하는 자가 사회에서 가장 높은 존경과 선망의 대상이 된다."라고 말하면서, 청교도 사회에서 미국인들이 추구해야 할 삶의 자세로서 자선과 기부를 강조했다.[20]

미국에서 기부 문화의 개척자라고도 불리는 정치가이자 사업가 벤자민 프랭클린은 이《선행록》을 읽고 나서 기부에 앞장서게 되었다고 한다. "근면과 검소 이외에 모든 일에서 시간 엄수와 공정보다 젊은이를 출세시키는 것은 없다."라고 설파했던 그의 철저한 노동 윤리와 더불어 기부 문화는 미국이라는 나라의 정체성을 형성하는 중요한 부분이다.[21] 미국의 태동이 영국에서 메이플라워호를 타고 온 청교도들이었던 만큼, 이런 청교도적 청빈주의 정신이 미국 사회에 끼친 영향은 강력했다.

시간이 지나면서 청교도 정신이 미국 사회에서 많이 쇠락했음에도 불구하고, 베버가 강조한 첫 번째 포인트, 자본주의 정신은 더 강력하게 미국 사회 및 교육계를 지배해 온 것을 발견하게 된다. 그럼 교육에

---

20   〈Impact Business Review〉, 2015년 1월 8일, http:///:br.kr/2606
21   막스 베버(박성수 옮김),《프로테스탄티즘의 윤리와 자본주의 정신》(2010), 문예출판사

서 반영된 자본주의 정신이란 무엇일까?

미국 교육에 대해 전문가들의 인터뷰를 보면, 그들 대부분이 공통적으로 지적하는 미국 교육의 특성 중 하나는 '기회를 준다'는 것이다. 실패하는 아이들에게 다시 도전할 수 있는 기회를 주고, 가정이 경제적으로 어려운 아이들에게 교육적 기회를 주고, 한 분야에서 뛰어난 능력을 가진 아이들에게는 재능을 발현할 수 있는 기회를 주는 교육 말이다. 즉 미국에서는 평준화equal 교육이 아니라 '평등한 기회equal opportunity'를 옹호한다.

한창 한국에서 화제가 되었던 아이비리그 대학은 한국의 중산층 부모는 꿈도 못 꿀 정도의 어마어마한 학비를 요구한다. 일 년에 기숙사비까지 합쳐 학비로 5천만 원에서 6천만 원 정도가 드니, 대학 4년을 모두 가정에서 부담을 한다면 2억이 넘는 금액을 한 아이의 대학 등록금을 위해 써야 한다는 말이 된다. 물론 생활비는 제외한 금액이다.

하지만 하버드대, 프린스턴대, 예일대와 같은 많은 아이비리그 대학들은 학생의 재정 능력을 고려하지 않는 니드 블라인드(Need-Blind, 니드 블라인드 지원은 지원자의 성적과 자질만을 보고 입학 여부를 결정하기 때문에 재정 보조를 신청해도 합격에 영향을 미치지 않는다. 이와 달리 니드 어웨어 Need-Aware 지원은 재정 보조 신청이 합격에 영향을 미친다. 즉 같은 실력을 지닌 학생이라면 학비를 다 낼 수 있는 학생을 뽑는다.) 지원을 실행한다. 즉 학생들은 경제적 수준에 상관없이 원서를 낼 수 있고, 일단 대학 입시에서 합격을 하게 되면 가정 형편에 따라 장학금을 지급받는다. 이는 외국인들도 예외가 아니다.

113

프리스턴대의 장학금 수혜율은 60퍼센트에 달한다. 또한 학비가 6만 불이라도 평균적으로 4만 8천 불의 학비 보조금을 지급받기 때문에 학생 당 평균적으로 내야 하는 돈은 1만 2천 불에 불과하며 이조차도 학생들의 재정 상황에 따라 차등적으로 내게 된다. 프리스턴대의 사례는 미국식 교육의 전형을 보여 준다.

우수한 학생들에게 세계 최고 수준의 교육을 시키기 위해서는 돈이 많이 든다. 그래서 등록금을 많이 받을 수밖에 없다. 하지만 동시에 기부금과 투자를 적극적으로 끌어들여 등록금 이외의 재원을 마련한다. 그리고 이를 다시 장학금으로 환원시켜 우수한 학생들 중에서 경제적 형편이 열악한 학생들에게도 동일한 기회를 줄 수 있는 교육적 장치를 마련한다. '교육의 질'과 '평등한 기회'를 동시에 잡을 수 있는 제도인 것이다.

이렇듯 미국 교육에서의 자본주의 정신은 모두에게 기회를 줘야 한다는 점에서는 평등을 지향하지만, 일단 기회를 받은 이상은 실력과 능력으로 그 기회를 살리면서 더 큰 가치를 만들어 낸다는 점에서 철저히 자본주의의 논리를 따르고 있다.

그들이 학교에
기부를 하는 이유

가난한 학생들에게 교육 기회를 줄 수 있는 그 바탕에는 앞에서 언급한 엄청난 기부 문화가 미국에 있기 때문이다. 〈포브스〉에 따르면 2016년 일 년 동안 미국 고등교육기관에서 걷은 기부금 액수는 410억 달러, 우리나라 돈으로 환산하면 약 41조 원에 육박한다. 우리나라 정부의 2016년도 교육 부문 예산이 약 53조임을 생각해 볼 때 이는 실로 엄청난 액수다.

미국 대학 중 가장 기부를 많이 받은 학교는 하버드대로, 2016년 한 해에만 1.7조에 달했다. 기부금은 단순히 현금뿐만 아니라 미술품, 주식 그리고 부동산까지 포함하고 있다. 이렇게 기부하는 사람들 덕분에 대부분의 대학생들이 재정 형편에 상관없이 우수한 프로그램 및 교수와 함께 공부할 수 있는 것이다.

역사적으로 미국에서 교육 혁신과 투자를 이끌었던 것은 기업가들과 자본가들이었다. 미국은 남북전쟁까지는 자선적 기부가 미약했으나, 남북전쟁을 기점으로 박애주의적 차원에서 기부행위가 급격히 증가하게 되었다.

아이비리그 대학 중 하나인 코넬 대학은 투자가로서 엄청난 재산을 모은 에즈라 코넬Ezra Cornell이 50만 달러를 기부하여 1865년 설립되었고, 미국 남부의 명문 대학인 밴더빌트 대학도 철도를 통해 재산을 모은 코넬리우스 밴더빌트Cornelius Vanderbilt의 기부로 1873년 설립되었다.

115

1876년에는 사업가였던 존스 홉킨스Johns Hopkins가 유산으로 350만 달러를 기부해 존스 홉킨스 학교와 병원이 설립되었으며, 우리나라에도 잘 알려져 있는 시카고 대학은 록펠러John Davison Rockefeller의 기부로 1890년 설립되었다. 1891년에는 스탠퍼드Amasa Leland Stanford가 자신의 죽은 아들을 기리기 위해 기부를 해서 스탠퍼드 대학이 설립되었다.

2차 세계대전 이후에는 기업가들의 개인적인 기부뿐만 아니라 대기업의 기부도 확산되었다. 이는 그 당시 경제적 상황에 기인한다. 대공황 당시 대기업에 대한 미국인들의 인식은 상당히 부정적이었다. 그래서 대기업들은 이런 분위기를 타계하기 위해 대기업의 박애주의적 활동과 기업의 사회적 역할의 일환으로 교육 투자에 힘을 기울였다.

> "기업가들도 학교교육 발전을 지원하는 것을 사회의 구성원으로서 당연한 의무로 여기게 되었다. 1960년경에는 미국 대기업의 학교교육, 특히 대학 교육 지원이 크게 증가하고, 매년 일정 금액을 지원하는 대기업도 나오기 시작했다."[22]

이런 노력 덕분에 대기업과 기업가들, 자본가들에 대한 일반 대중의 인식이 우호적으로 변화되었다. 미국 사회에서 기부행위가 확대되면서 대학 발전은 더욱 가속화되었고, 미국 대학이 세계 최고의 수준으로 발

22, 23 정일용, 《미국, 프랑스, 영국 교육제도》(2013), 서울대학교 출판부, 63~64쪽

전할 수 있는 초석이 되었다.[23]

이런 기부 문화야 말로 앞에서 언급한 막스 베버의 자본주의 정신이 가장 잘 드러나는 부분이다. 장학금을 받으며 세계 최고 수준의 교육을 받은 학생들이 사회에 나가 자본주의 경쟁 체제에서 승리해서 얻은 막대한 부와 재화를 다시 학교 및 사회에 기부한다. 이 기부금으로 우수하지만 가난한 학생들이 또 훌륭한 교육을 받을 수 있게 하는 것, 이것이 바로 '살리는 교육'이자, 교육과 자본주의 경쟁 체제의 선순환이 아닐까. 이 시스템이야 말로 미국 교육의 가장 큰 장점이라 본다.

벤처 사업가가
운영하는 학교

미국 교육개혁을 정의하는 또 하나의 키워드는 바로 '혁신 교육'이다. 인공지능의 발달과 함께 도래하는 4차 산업혁명을 대비해 국내에서도 혁신 교육 및 미래 교육에 대한 논의가 많이 진행되고 있다. 그런데 이 4차 산업혁명을 주도하는 실리콘밸리의 자본가와 투자가들이 가장 공을 들이고 있는 분야가 바로 교육 분야다.

실리콘밸리뿐 아니라 미국에서 일어나고 있는 여러 교육 혁신 시도 중에서 내가 주목했던 것은 '알트 스쿨Alt School'이다. 알트 스쿨의 창립자인 막스 벤틸라Max Ventilla는 그의 자녀를 보내기 위한 학교를 물색하던 중 자신이 다녔던 명문 사립학교와 같이 개별화된 커리큘럼을 제공하는 학교가 아직까지도 매우 적고, 자신이 사는 서부 지역에서 이런 학교에 자녀를 입학시키는 것이 하늘의 별 따기만큼 어렵다는 사실에 충격을 받았다. 그래서 자신이 직접 학생들 각각에 맞는 개별화된 교육을 제공하는 학교를 만들어야겠다고 결심했다.

구글 직원이었던 그는 개별화된 커리큘럼을 첨단 IT 테크놀로지와 결합해 학생들에게 제공한다는 기치를 걸고 2013년에 학교를 샌프란시스코 실리콘밸리에 설립했고, 이듬해에는 뉴욕 캠퍼스를 포함해 미국 전역에 7개 학교를 열었다.

알트 스쿨은 미국 학생들이 배우는 공통된 커리큘럼이 아닌 학생 개개인의 성향을 반영한 개인 맞춤형 교육을 제공하는 것이 특징이다. 성공한 벤처 사업가인 창립자 벤틸라가 자신의 교육철학을 인터뷰한 내용이 참으로 인상적이었다.

> "100년 전만 해도 멋진 오케스트라와 성악가의 연주는 비싼 극장에 출입할 수 있는 부유층의 전유물이었습니다. 하지만 스티브 잡스의 아이폰으로 상징되는 테크놀로지가 부유층의 전유물로 생각되었던 많은 예술 활동 및 음악들을 대중화할 수 있게 만들어 주었습니다. 아이폰의 플레이리스트playlist는 음악 및 미디어를 싼 가격으로 전유할 수 있을 뿐만 아니라 자신의 기호와 취향에 맞는 개인화된 방법으로 향유할 수 있도록 해 주었지요. 저는 이런 테크놀로지의 힘이 교육에도 똑같이 적용될 수 있다고 믿습니다.

개별화된 커리큘럼으로 학생들을 교육시키기 위해서는 많은 돈이 드는 게 사실입니다. 그리고 엘리트 대학으로 대표되는 사립학교들은 이런 커리큘럼과 교사들을 제한함으로써 자신들의 가치를 높이고 결과적으로 입학할 수 있는 학생들의 수준을 높게 설정하여 경쟁을 조장시키는 현상을 만들었습니다. 저는 교육에서의 이런 게임의 룰을 깨고 싶습니다.

그래서 빅데이터와 첨단 미디어 및 컴퓨터 테크놀로지를 사용하여 더 많은 학생들이 개별화된 커리큘럼을 사용할 수 있도록 만들었습니다. 또 참여한 학생들을 통해 더 많이 확보된 된 데이터를 활용하여 시스템을 향상시켜 커리큘럼의 질을 높이는 선순환 구조를 갖춘 그런 학교를 만들고 싶답니다."[24]

사실 알트 스쿨의 건물과 교실은 우리가 생각하는 비싼 사립학교의 화려한 모습과는 거리가 멀다. 넓고 푸르른 잔디도 없고 고성과 같은 멋진 건축양식의 건물도 없다. 대신 공장 같은 건물에 교실이 있고, 마치 이케아IKEA 쇼룸처럼 몇 개의 소파와 테이블, 의자 그리고 빈백 beanbag이 널려 있을 뿐이다.

---

24   Mead, Rebecca, 〈Learn Different: Silicon Valley Disrupts Education〉(March 7, 2016), The New Yorker

미래형 학교인가
교육 실험인가

　알트 스쿨의 강점은 보이는 하드웨어가 아닌 소프트웨어, 즉 교사와 커리큘럼에 있다. 아이들은 유치원 때부터 자신들의 관심과 흥미에 맞추어 '연구'를 할 수 있다. 예를 들어 건축에 관심이 많은 아이는 팅커캐드Tinkercad라는 조보용 무료 건축 설계 웹 사이트를 이용해 조그마한 타워 같은 건물이나 화장실 같은 건축 구조물을 선생님의 지도 아래 3D 모델로 설계를 한다. 그리고 설계한 것을 3D 프린트로 시제품을 출력해 보면서 원하는 모습이 나올 때까지 계속 개조를 한다.

　빅데이터를 활용한 학습법도 이 학교 커리큘럼의 특징 중의 하나다. 호머의《일리아드》를 공부하는 학생이 '분노rage'라는 키워드를 가지고 작품을 해석하고 싶다고 하자. 그러면 이 단어가 나오는 빈도와 사례를 뽑아 그 통계와 수치를 시각화해서 보여 주는 프로그램을 활용해 에세이를 쓸 수도 있다. 이는 문학작품을 해석하는 데 있어서 단순히 질적이고 감정적인 접근법뿐만 아니라 양적인 접근법으로 분석함으로써 새로운 방식으로 문학작품을 이해해 볼 수 있게 한다.[25]

　알트 스쿨 학생들은 저학년은 아이패드를, 고학년들은 모두 노트북을 가지고 있는데, 매주 학생들의 관심사와 목표가 반영된 플레이리스

25　　　Mead, Rebecca, ⟨Learn Different: Silicon Valley Disrupts Education⟩(March 7, 2016), The New Yorker

트playlist가 제공된다. 플레이리스트에 있는 과제 카드task card에는 수학이나 문학과 같은 학과목에 대한 것뿐 아니라 학교생활은 물론 감정적인 영역까지 학생의 모든 상황이 분석되어 있다. 학생들은 데이터 분석을 통해 자신에게 맞추어진 커리큘럼을 가지고 각자의 속도에 따라 개별화된 학습을 한다.

알트 스쿨에서는 교사의 역할도 여느 학교와 다르다. 이 학교에서 교사는 학생들을 가르치고 훈육하고 평가하는 역할이 아니라 학생에 대한 데이터를 활용하여 학생이 나아가야 할 방향을 제시하고 지도하며 격려하는 역할에 힘을 기울인다. 교사들은 주기적으로 엔지니어, 행정가들과 만나서 회의를 통해 학생들에게 적합한 커리큘럼을 더 효과적으로 제공할 수 있는 시스템을 연구한다.

알트 스쿨의 이런 교육 방식은 학생이나 교사들이 암기와 같은 전통적인 지식 습득 방식에 에너지를 소진하는 것을 막아 준다. 그래서 교사와 학생들이 학습과 토론에 집중할 수 있어 창의적인 사고력을 더 키워 줄 수 있다.

하지만 알트 스쿨은 개별화된 커리큘럼을 만들기 위해 학생들의 일거수일투족을 모니터링하기 때문에 학생들의 개인 정보 보호 문제에서 자유롭지 못하다. 물론 창립자는 학생들의 데이터가 학업 과정을 위한 분석 후에는 저장되지 않고 삭제된다고 하지만 개인적인 데이터가 악용될 수 있는 소지는 여전히 남아 있다.

또한 모든 학생들이 아이패드나 노트북과 같은 기계를 가지고 첨단테크놀로지를 사용한 커리큘럼으로 운영되기 때문에, 하드웨어가 제대로 작동하지 않을 경우 학생이나 교사들은 항상 대체 커리큘럼을 준비해야 한다는 부담감도 있다.

하지만 이런 부작용에도 불구하고 알트 스쿨의 개별화된 커리큘럼을 대중화하겠다는 멋진 시도에 페이스북 창립자 마크 주커버그의 재단을 비롯한 실리콘밸리의 많은 재단이 큰 금액을 투자하고 있다.

내가 알트 스쿨에 주목하게 된 것은 단지 이 학교가 실리콘밸리의 벤처 사업가에 의해서 시작된 혁신적인 커리큘럼을 가진 학교이기 때문만은 아니다. 이 학교야말로 미국의 교육가들과 실리콘밸리를 위시한 미국의 기업가들이 가진 교육철학을 전형적으로 보여 주고 있기 때문이다.

이 학교가 거대한 투자를 이끌어 낼 수 있었던 가장 큰 이유는 여태까지 소수의 특권층에만 허락되었던 '개별화된 교육'을 대중화하겠다는 비전 때문이었다. 그리고 더 많은 학생들이 들어올수록 분석할 수 있는 데이터의 규모가 확장되어 더 좋은 시스템을 만들어 낼 수 있다는 생각이 혁신적이었기 때문이다.

알트 스쿨은 사립학교에서 가능했던 개별화된 교육을 대중적으로 펼쳐 보고자 하는 대안 학교이면서, IT 기술을 이용해 이를 실현하려는 혁신적인 사업이기도 하다. 투자가와 교육가들은 알트 스쿨 창립자의 교육철학에 동의할 뿐 아니라 그가 하는 혁신적인 실험에 투자를 한 것이다.

알트 스쿨은 아무도 해 보지 않았던 이 새로운 생각을 실현하기 위한 일종의 실험장이기도 하다. (물론 이 중대한 실험을 위해 자신의 아이들

을 먼저 이 학교에 보내긴 했지만 말이다!) 벤틸라와 그와 함께하는 알트 스
쿨 주주들의 꿈은 이 학교를 성공시켜 미국 교육과 세계 교육을 바꾸
는 것이다. 이 학교의 비전을 향한 움직임은 현재 진행형이다.

혁신의 비밀,
자유의지

실리콘밸리의 투자가들이 이렇게 교육에 관심을 가지는 이유는 바
로 날로 진보하는 디지털 테크놀로지가 비즈니스, 미디어, 커뮤니케이
션을 혁신적으로 바꿔 놓았듯이 교육도 변혁시킬 수 있다는 확신이 있
기 때문이다. 이들의 혁신적인 생각과 믿음의 근본에는 그들이 받아 온
미국 교육의 철학과 전통이 묻어 있다.

미국 대학을 졸업하고 실리콘밸리에서 성공한 벤처 기업가로서 승
승장구하고 있는 지인들을 인터뷰했을 때 이들이 교육에 대해 정의한
것이 좀 특이했다. 이들은 교육은 '자신과의 끊임없는 대화'라고 정의
했다. 스탠퍼드대를 졸업하고 구글과 IBM을 걸쳐 현재는 삼성의 벤처
투자가로 일하고 있는 친구는 다음과 같이 이야기했다.

"나는 인생을 끊임없는 과정의 연속으로 보고 있어. 교육도 직업도 마찬가지
지. 요즘에는 직업을 하나만 가져야 한다는 법도 없고, 한 군데에서만 일해야 한

다는 생각도 많이 없어졌어. 왜냐하면 4차 산업혁명의 도래와 함께 변화의 속도도 정말 더 빨라졌거든. 그렇기 때문에 이런 세상에서 가장 중요한 것은 새로운 지식과 기술을 다시 익히는 '리런relearn'과 새로운 환경에 적응하는 '자기 혁신'이야.

이를 위해선 자신과 늘 발전적인 대화를 나눌 수 있는 것이 중요해. 왜냐하면 진정한 변화는 항상 내면에서 나오기 마련이거든. 실리콘밸리야말로 창조적 파괴가 가장 집중되어 일어나는 곳이지. 창조적 파괴의 문화로 인해 이곳에서는 세계가 어떻게 될 수 있을지에 대한 다른 비전이 나올 수 있고, 이에 따라 여러 창의적인 사업과 상품 그리고 프로젝트가 나오는 게 아닐까 하는 생각이 들어. 이런 세계에서 살아남기 위해서는 나는 계속 배우며 성장하고 있는가에 대해서 꾸준히 인식하고 있는 것이 중요해."

"그럼, 너는 이런 것들을 어떻게 배운 거야? 학교에서 이런 것들을 배울 수 있다고 생각해?"

"응, 나는 조그마한 고등학교를 다녔는데, 그때 학교에서 지원할 수 있는 모든 프로젝트에 참여해 이를 경험으로 삼자고 다짐했어. 물론 내가 잘 하지 못하는 것들도 많기 때문에 다른 아이들에 비해 뒤쳐진 적도 있어. 몇 개는 끔찍하게 실패했지. 하지만 실패하면 어때?

내가 만난 많은 한국인들이 실패에 대한 두려움을 가지고 있는 듯해. 하다가 잘못되면 큰일이 나는 것처럼 생각하니, 도전 의식이 줄어들 수밖에. 한국에서는 요즘 공무원이 청년들이 희망하는 가장 좋은 직장 중 하나라며? 미국에서는 똑똑한 애들은 대부분 창업을 해. 실리콘밸리만 해도 돈 있는 사람들이 얼마나 많이 투자를 하는데. 그래서 직장을 구하는 애들은 오히려 용기도 없고 똑똑하지도 않다고 생각하는 편이야.

반면에 한국에서 청년들이 공무원과 같은 편안한 직업을 추구한다는 것은 그 사회에 대해 많은 것을 시사하는 것 같아. 투자와 기회가 없으니깐 실패하게 되면 너무 많은 것을 잃을까 두려운 거지. 그래서 편안함과 안정을 사람들이 추구하게 되는 것이고, 이는 다시 청년들에게 도전 의식을 잃게 만드는 치명적인 결과를 만들어 내게 되고 말이야. 썬, 사람들이 다시 도전할 수 있게 만들기 위해서는 무엇이 필요한지 알아?"

"흠, 무얼까?"

"버려지는 시간과 자원들 Wasteful time and resources!"

그의 답변이 너무나 충격적이어서 나는 화들짝 놀랐다. 그런 나를 웃으며 쳐다보면서 그는 이야기를 이어 나갔다.

"혁신과 창조가 나오기까지는 많은 실험이 필요해. 그리고 많은 실험을 하기 위해서는 여유와 공백 margins이 필요하고. 내가 보기에 한국 사회에는 이 공백이 없는 것 같아. 아니, 이를 허락하지 않는 사회적 분위기가 팽배한 듯해. 실험과 실패 그리고 성공 사이에 꼭 필요한 이 공백과 여유 자원 말이야."

한국 회사에서 일을 하기 때문인지 한국 사회에 대해 너무 잘 알고 있는 친구가 우리 사회에 대해서 코멘트를 했을 때 나는 마치 정곡을 찔린 것처럼 마음이 아팠다.

"너의 의견에 전적으로 동감해. 내가 가장 걱정하는 것도 한국 사회가 청년들로 하여금 무언가 하고 싶다는 열정과 희망 같은 이런 동기조차 상실시키고 있다는 거야. 사회의 변화를 따라가지 못하는 교육이 문제점 중 하나인 것 같기는 한데, 정확한 원인은 아직 나도 잘 모르겠어."

"내가 생각하기에 미국 교육의 가장 큰 특징 중 하나는 학생의 자유의지free will를 존중해 줄 뿐만 아니라 격려해 준다는 거야. 늘 아이들에게 네가 하고 싶고 배우고 싶은 것을 말해 보라고 하지. 이런 의미에서 교과서는 지식을 습득하는 창구가 아니라 내 자신과 친구, 선생님 더 나아가는 이 사회와의 대화를 이끌어 내 주는 창구로서의 의미가 더 강해. 그리고 이 대화의 시작과 종착역은 항상 내 자신이야. 왜냐하면 획기적인 생각은 늘 자기 안에서 나오거든."

첨단 기업의 벤처 투자가인 그와 교육과 직업에 대한 대화를 나누면서, 나는 그가 마치 철학자 같다는 생각이 들었다. 하지만 내가 옥스퍼드대에서 철학을 글로써 학문으로써 배웠을 때와 다른 점은 그가 펼쳐내는 인생과 세계에 대한 철학은 철저히 물질적인 세상과 밀접한 연관을 맺고 있었고 현실 세계에 오롯이 투영되어 있다는 것이다.

끊임없이 도전해 보게 하는
미국 교육

바틱에서 함께 일했던 리처드는 바틱에서의 인턴 경험과 자신이 가지고 있던 IT 개발 능력 그리고 교육에 대한 관심을 살려 예일대를 졸업하자마자 '아카데믹 어스Academic Earth'라는 프로젝트를 시작했다.

그는 유튜브를 통해 세계 유수 대학 교수들의 강의가 무료 동영상으로 배포되고 있다는 점에 주목했다. 그리고 온라인 세계를 떠돌고 있는 많은 무료 동영상 강의들을 사용자의 편의에 맞게 분류하고 소개하면 어떨까 생각했다.

기존에 배포된 동영상만으로는 한계가 있으니 아이비리그 대학에서 각광받는 강의를 하는 교수들을 직접 발로 뛰면서 섭외를 해서 동영상을 찍고 무료로 웹 사이트에 올리는 작업도 병행했다. 그렇게 지식 공유 사이트인 아카데믹 어스를 만들었다. 이 사이트는 학생들뿐 아니라 교육 관계자들에게도 큰 반향을 일으켰다. 혼자 관리를 하기에 규모가 커지자 그는 사이트를 교육 업체에 팔았다. 물론 온라인 플랫폼에 무료 동영상을 계속 사용자들에게 제공하는 역할을 지속한다는 조건으로 말이다.

이후 리처드는 교육과 IT 벤처에 대한 꿈을 더 구체화시키기 위해 하버드 MBA에 들어가서 필요한 비즈니스 스킬을 배웠다. 지금은 미국 재무부에 들어가 과거 자신과 비슷한 처지에 있는 벤처 기업가들에게 조언을 하고 그들을 키우는 프로젝트를 담당하고 있다.

리처드를 비롯해 바틱의 젊고 패기 있는 대학생 창업가들과 함께 일한 경험에서 내가 얻은 가장 큰 배움은 미국 청년들이 말하는 혁신과 도전이 어떤 의미인지 알게 되었다는 것이다. 리처드의 케이스야말로 미국 교육이 어떻게 직업과 밀접한 연관을 가지면서 한 개인을 성장하도록 이끄는가에 대한 전형적인 사례라 할 수 있다.

마크 주커버그가 페이스북 때문에 하버드 대학을 중퇴한 이야기는 한국에도 많이 알려져 있다. 그런데 그가 어느 고등학교를 다녔는지에 대해서는 한국에 알려진 바가 없다. 마크 주커버그는 미국의 최고 명문 사립고 중의 하나인 필립스 엑시터 아카데미 출신이다.

주커버그는 고등학교 시절 과학과 라틴어에서 성적 우수상을 받았을 정도로 학업적인 면도 탁월했지만, 펜싱팀 주장으로 활동하면서 스포츠 활동도 열심히 했다. 그뿐만 아니라 그는 고등학교 재학 시절 이미 인공지능을 갖춘 음악 재생 프로그램을 만들 정도로 컴퓨터에도 몰입해 있었고, 실제로 마이크로소프트와 AOL은 이 프로그램을 사고 마크 주커버그를 고용하겠다는 제안까지 했다고 한다.[26]

필립스 엑시터 아카데미는 해마다 모든 학생, 교사, 교직원의 사진과 연락처가 수록된 노트 형태의 주소록을 만들었는데, 학생들 사이에서 이 주소록의 애칭이 '페이스북'이었다. 그가 졸업반인 12학년 때 이 페이스북 주소록을 전산화하는 작업이 이루어졌는데, 나는 주커버그가

26   최유진, 장재혁, 《세계 최고의 학교는 왜 인성에 집중할까》(2014), 다산에듀

자신의 사업 아이디어 및 '이름'을 이 프로젝트를 통해 얻었을 것이라
생각한다.

끊임없이 새로운 것에 도전해 볼 수 있게 하는 미국 교육의 힘은, 학
업적인 면뿐만 아니라 스포츠를 비롯한 자신의 흥미와 적성에 맞는 다
양한 프로젝트에 참여할 수 있는 여유와 공간을 허락해 주고 이를 격
려해 주는 데서 온다.

이렇듯 미국의 기업가들과 투자가들은 확고한 자신들의 세계관 위
에 산업을 짓고 있다. 또한 이 정신을 배우고, 발현하여 더 나은 세상에
대한 비전을 제시할 수 있는 다음 세대를 위한 발판을 교육이란 형태
로 만들어 내고 있다.

그리고 그 확신의 중심에는 인간의 자유의지에 대한 긍정적인 믿음
이 자리 잡고 있었으며, 무엇보다도 이 믿음을 실행할 수 있는 원동력
은 합리적인 자본주의 원리에 따른 부의 추구와 기부라는 미국 자본주
의 선순환 시스템이었다.

엘리트 교육은
사라져야 하는가

'기회의 평등'과 '교육의 질'을 동시에 잡자는 미국의 교육 기조는 과
도한 입시 경쟁 및 학교 서열화를 조장하는 자사고, 특목고를 없애고

교육의 평준화를 이루어야 한다는 교육정책에 대해 시사하는 바가 크다. 교육의 질을 희생해서 만들어 내는 평등이 대한민국의 인재의 질을 떨어뜨리는 것은 아닐까? 정말 경쟁이 심한 학교에서는 인간적인 교육이 이루어질 수 없는 것일까?

얼마 전 종영한 KBS의 인기 주말 드라마 〈아버지가 이상해〉에 중학교 성적이 우수한 아들을 둔 부모가 가정 형편 때문에 과학고를 보내시 못해서 속상해 하는 에피소드가 등장했다. 아마도 작가가 한국의 교육 현실을 우회적으로 비판하기 위해서 과학고에 들어가기 위한 사교육비와 학비 또 과학고 진학 후에도 경쟁에서 이기기 위해서 받아야 하는 사교육비까지 언급하며 이를 지원해 줄 수 없는 부모의 심정을 측은하게 그린 듯하다. 결국 아들이 가정 형편을 고려해 과학고 가는 것을 포기하는 것으로 에피소드가 마무리되었다.

그런데 이 드라마를 본 학부모들이 그러니까 '과학고를 없애야 한다'는 생각을 했을까. 오히려 전세를 월세로 돌려 보증금을 빼서 무리를 해서라도 자식을 과학고에 보내겠다는 다짐을 하는 엄마의 마음이 더 학부모들에게 공감을 사지 않을까? 어느 누가 자식에게 가장 좋은 교육을 선물로 주고 싶지 않겠나.

예전 어려웠던 시절 가장 큰 재산인 소까지 팔아 자식을 공부시켰다는 '우골당' 이야기는 현재 우리나라의 성장을 가져온 인적 자본human capital의 근간이었다. 하지만 언제까지 우골당을 한 개인과 가정이 감당하게 해야 할까. 이제는 사회적인 시스템과 문화로 우리나라의 교육을 한 단계 업그레이드하는 것이 시대적 사명일 것이다.

세계화 시대에 사는 우리는 이제 나라 안팎의 인재와 경쟁해야 하는 무한 경쟁 체제에 놓여 있다. 이런 상황에서 학생들은 평준화 학교 제도 아래 있더라도 어느 단계에 가서는 경쟁에 노출될 수밖에 없다.

미국 대학들은 이런 심한 경쟁 체제 안에서도 살아남을 수 있는 실력을 기르게 하면서도 자신뿐만 아니라 이웃과 인류를 위해 공헌하는 마인드를 키울 수 있는 다양한 프로그램도 진행한다. 학생들은 이 프로그램에 참여하여 더 인간적인 세상을 만들기 위한 꿈을 꾸고 그 꿈을 추진하기까지 한다.

내 친구들은 보면 자신들의 커리어를 위해 공부를 하면서 자기가 배운 것을 사회에 공헌할 수 있는 방법들을 구상하고 실천하고 있다. 하버드 MBA에 입학한 친구는 조인트 프로그램joint program인 하버드 메디컬 스쿨까지 함께 들어갔다. MBA에서 배운 비즈니스 스킬을 공공 영역의 부문에서 의사로서 적용해 보고 싶었기 때문이다.

친구는 프로그램 특성상 단기간에 두 학위를 끝내야 하는 부담감이 상당했지만 오히려 인류를 위해 공헌할 수 있는 자기만의 방법을 찾고 있다는 생각이 부담감을 이겨 내게 해 주었다고 말한다. 그는 학점을 관리하느라 바쁘지만, 방학마다 학교에서 마련한 제3세계 봉사 활동 프로그램에 꼭 참가했다. 봉사 활동을 통해 자신이 배운 것을 나누는 방법을 배웠고, 이런 경험은 치열한 경쟁 기간 동안 스스로를 다독이는 좋은 자양분이 되었다.

또 다른 친구는 스탠퍼드대를 우수한 성적으로 졸업해 구글에 입사했다. 이 친구 역시 대학 생활을 정말 알차게 보냈다. 여름 방학마다 스탠퍼드 학생들을 데리고 부모님의 고향인 인도의 시골 마을에서 교육 및 의료봉사를 다녔고, 졸업 후에는 직장 생활로 번 돈은 물론 인맥, 재능 등 자신이 가진 모든 것을 털어 대학 시절 봉사 활동을 다녔던 인도의 마을에 병원을 설립하기까지 했다.

물론 우리나라와 미국은 사회 및 교육 문화, 환경이 상이하기 때문에 미국에서 성공한 제도라 해서 무작정 적용시킬 수는 없다. 하지만 합리적 자본주의 정신은 시대와 문화 그리고 국가를 초월해서 적용할 수 있는 힘이 있다고 본다.

효율적인 시간과 재화의 사용으로 우리나라의 자본가들과 기업인들 그리고 실제로 우리나라 국민은 전 세계에서 유래가 없는 짧은 시간에 엄청난 경제성장을 이루어 냈다. 지금 시점에서 우리나라가 부족한 것은 청빈과 기부 문화가 아닐까 하는 생각이 든다. 쌓아 올린 부를 나와 가족의 이익이 아니라 사회와 국가 그리고 인류를 위해 기꺼이 나눌 수 있는 기업가들과 자본가들이 많이 나오고 이런 기부행위를 국가적으로 사회적으로 환영해 주고 알려 주어 더 많은 사람들이 동참토록 하는 것 말이다.

내가 졸업을 한 민족사관고등학교도 이런 기업가의 기부로 세워진 학교이고, 나는 장학금을 받고 학교를 다녔으니 기부 문화의 수혜자임에 틀림없다. 밖에서 보기에는 민족사관고등학교가 과도한 입시 경쟁과 사교육을 조장하는 자사고의 하나로 평가될 수 있겠지만, 그 안에서 생활한 나는 3년간의 기숙사 생활, 강원도 횡성이라는 시골 환경, 여러 봉사 활동과 과외활동을 통해 청소년 시절에 인생에 대해 깊이 생각해 볼 수 있는 기회를 얻었다.

자사고, 특목고 그리고 서울대를 없애면 교육 문제가 해결될까? 아이들이 힘든 것은 대한민국이 처한 경제적, 정치적, 문화적 문제가 청소년들에게 그대로 적용된 것이지 단순히 교육제도의 잘못 때문이 아니다. 새로운 정부가 들어설 때마다 교육제도가 바뀌는 상황이 지속된다면 이는 학생들의 혼란을 가중시키고, 빠르게 대응할 수 없는 사회경제적 취약층에 있는 학생이나 가정들이 오히려 피해를 더 보게 될지 모른다.

이런 의미에서 입시와 평등이라는 제한된 잣대로 자사고와 특목고를 평가하는 것이 아니라, 교육의 질, 미래 인재 양성 그리고 기부와 교육 투자 문화란 관점에서 자사고와 특목고 이슈가 재논의되었으면 하는 바람이다.

4

싱가포르

효율적인

교육제도란

무엇인가?

"나는 학생이 되기를 멈춘 적이 없습니다. 나는 배우기를 그만둔 적이 없습니다.

I have never ceased to be a student. I have never ceased to learn."

- 리콴유 Lee Kwan Yew

○ 효율적인 교육제도란
무엇인가?

우리나라의 교육제도는 정권이 바뀔 때마다 수많은 개혁과 노선 전환을 겪어 왔다. 그래서 "교육은 백년대계"라는 격언이 무색할 정도로 교육은 정치에 종속되어 있고 정권에 따라 조변석개朝變夕改한다는 비판을 많이 받는다.

하나의 변하지 않는 가치를 견지하며 오랜 기간 동안 꾸준히 동일한 교육제도를 추구한 나라가 있다. 바로 좁은 국토에 천연자원도 없는 싱가포르다. 싱가포르가 세계적인 교육 강국으로 거듭나게 된 데에는 효율성이라는 가치가 교육정책의 기저에 있었다.

싱가포르는 도시국가로 총리 리콴유가 31년 동안 재임했고 그의 아들인 리센룽이 총리로 장기 집권한 정치 상황 때문에 역설적이게도 교육 분야에서 정치적 상황에 따른 변화가 가장 덜 했고, 리콴유의 '깨끗한 엘리트주의' 철학에 따라 꾸준히 교육 시스템을 발전시켜 왔다.

단기간 눈부신 성장을 하며 전 세계의 이목을 집중시킨 싱가포르 교육제도는 어떤 모습일까? 그리고 어떤 점 때문에 싱가포르가 아시아의 교육 허브로 불리게 된 것일까? 싱가포르는 교육제도와 국가경쟁력 사이의 연결 고리를 어떻게 효율적으로 발전시켜 왔는지 들여다보고자 한다.

영국 학생들을 닮은
싱가포르 학생들

작열하는 태양 아래 새하얀 유니폼을 입은 학생들이 초록색 잔디 코
트에서 테니스 연습을 하고 있었다. 검게 그을린 피부에 작은 체구를
가진 학생들이 대부분이었지만 운동을 하면서 뿜어내는 에너지는 뜨
거운 여름을 이길 만큼 대단했다. 옆에서 나를 안내해 주던 학교의 카
운슬러는 미소를 지으면서 말했다.

"국제 학교 학생들 중 내셔널 테니스 토너먼트에 나가는 학생들이
방과 후에도 연습을 하고 있어요. 이 더운 날씨에 모두들 열정이 대단
하죠?"

그 모습을 보며 내가 영국 옥스퍼드 대학에 다닐 때 해가 지고 어스
름해질 무렵 대학 캠퍼스 중간에 있는 공원에 가면 근처의 칼리지 학
생들이 삼삼오오 모여 테니스 코트에서 연습 경기를 하는 모습이 떠올

138

랐다. 싱가포르 학생들이 입고 있는 옷이 그때 영국 학생들이 입었던
새하얀 유니폼과 상당히 비슷하게 느껴졌다.

예전에 싱가포르 사람들은 아시아인의 모습을 한 서양인이라는 말
을 들었다. 그러고 보니 피부색만 조금 더 검어지고 체구가 조금 작아
졌을 뿐, 테니스를 치는 모습은 영국 아이들의 모습과 다르지 않다는
생각이 들었다.

테니스 연습을 하는 모습만이 아니었다. 견학 내내 내가 보았던 화총
스쿨Hwa Chong School 학생들은 영국 사립학교 학생들처럼 깔끔한 교복
을 입고, GCSE와 A-level로 대표되는 영국식 커리큘럼에 맞추어 공
부를 하고 있었다.

쉬는 시간에 수업 과목에 따라 반을 바꾸기 위해 바삐 오가는 모습
을 관찰하니 싱가포르 악센트가 있기는 하지만 유창하게 영어로 수다
를 떨면서 이 반 저 반으로 돌아다니는 모습이 영락없이 영국 학교에
서 보았던 학생들의 모습과 비슷했다.

조선일보 교육법인에서 일했을 때 제주도 국제 학교 사업을 따내기
위해 세계 여러 나라의 명문 학교들과 MOU를 맺는 업무를 맡았었다.
그래서 미국 대통령의 자녀들이 다니는 워싱턴 DC에 위치한 시드웰
프렌즈 스쿨Sidwell Friends School뿐만 아니라, 싱가포르에서 명문 사학으
로 손꼽히는 화총 스쿨과 MOU를 맺기 위해 싱가포르를 방문했을 때
나는 싱가포르 학교에서 영국의 사립학교를 떠올렸다.

적도에 위치한 조그마한 나라답게 엄청나게 날씨가 더웠지만 사람
들은 생기가 있어 보였다. 조그마한 쓰레기 하나 없이 깨끗한 거리와

멋진 현대식 고층 건물이 즐비한 이 대단한 도시국가를 걸으면서 만감이 교차했다.

싱가포르 중심가를 걷고 있노라면 마치 강남 도곡동을 적도에 옮겨놓은 듯한 도시의 분위기가 풍겼고 다민족 다인종이 모여 있는 런던 못지않게 다양한 민족들이 거리를 채우고 있었다. 세계 어느 나라 국민들보다 효율적으로 열심히 일한다는 싱가포르 사람들의 바쁜 발걸음을 바라보면서 과연 우리나라의 많은 정치인들과 기업인들이 칭찬하는 이 조그마한 나라의 저력이 어디서 나오는 것일까 궁금해졌다.

리콴유의 그림자

싱가포르를 이해하기 위해서는 싱가포르의 국부國父 혹은 싱가포르의 설계자로 불리는 리콴유로부터 이야기를 시작해야 한다. 싱가포르 사회는 여전히 리콴유의 영향력이 유효하게 남아 있다. 그래서 그의 사상과 철학을 이해하는 것이야말로 이 나라를 이해하고 이 나라의 교육에 대해 생각해 보는 첫걸음이 될 것이다.

"모든 사회는 공정하고 평등하게, 그리고 가급적 많은 사람들에게 최고의 선을 가져다 줄 지도자를 원합니다. 비록 싱가포르에 사는 말레이인들

이 중국인들보다 더 부지런하다거나 경쟁력이 높은 것은 아니라 하더라
도 그들에게까지 사회적인 부를 공평하게 분배해 줄 시스템을 구축하지
못한다면, 우리는 절대 사회적 통합을 일구어 낼 수 없을 것입니다. 오늘
날 싱가포르에서는 더 많은 사람들이 양질의 삶을 살아가고, 집을 소유하
고, 대학 교육tertiary education을 통해 다양한 분야에서 전문가로 거듭나
고 있습니다. 그리고 자녀들의 교육에 투자하는 것이 더 좋은 결과로 이
어진다는 사실을 깨달아 가면서 삶의 환경은 급속도로 좋아지고 있습니
다."[27]

리콴유가 말년에 〈LA Times〉 기자와의 인터뷰에서 한 이 말이야말
로 그가 자신의 인생을 바쳐 이룩한 싱가포르의 발전을 가장 잘 대변
해 준다고 생각한다.

리콴유가 총리로서 싱가포르를 이끌기 시작했을 때 이 나라의 모습
은 지금 우리가 보는 싱가포르의 모습과는 완전히 달랐다. 싱가포르는
영국의 식민 통치에서 벗어난 후 원래 말레이시아의 연방이었던 도시
국가에서 독립을 쟁취한 나라이다.

1965년에 독립한 후 싱가포르는 많은 과제를 해결해야 했다. 먼저
천연자원과 수자원 공급을 전적으로 의지했던 말레이시아의 영향력을
극복하고 외침에 대항할 충분한 국방력을 갖추어야 했다. 그뿐만 아니

라 다수를 차지하고 있는 말레이계와 주변국으로부터 흡수된 다민족 다문화 사회를 통합시킬만한 싱가포르만의 독특한 문화가 필요했다. 설상가상雪上加霜으로 독립 초기에는 부패한 관료들로 인해 홍역을 치루고 있었기 때문에 부정부패를 척결하는 것도 시급한 문제였다.

이러한 산적한 문제들을 해결하기 위해 리콴유가 가장 중점을 두었던 부분이 바로 '유능하고 깨끗한 엘리트'들을 만들어, 이들이 정치 분야를 비롯하여 사회 각계각층의 주요 위치에서 나라를 이끌어 가는 시스템을 만드는 것이었다.

그는 뛰어난 능력과 뜨거운 열정 그리고 강인한 용기를 지녔을 뿐만 아니라, 세계의 흐름 속에서 싱가포르가 나아갈 방향을 설정할 수 있는 글로벌 엘리트들이 주도적으로 생각하고, 결정하며, 실천할 수 있는 시스템을 만드는 것이 싱가포르가 미래를 개척할 수 있는 핵심 역량이라고 믿었다. 그래서 먼저 공무원 조직을 위시하여 엘리트 개발을 위한 인재 및 교육 시스템을 꾸렸다.

이는 플라톤이 생각했던 '철인정치'의 아시아 판이라고도 할 수 있다. 플라톤은 일찍이 아테네의 몰락을 보면서 대중의 인기에 영합하기 위해 개인의 능력과 자질 혹은 기여도에 상관없이 다수의 어리석은 민중이 원하는 방향으로 가는 포퓰리즘populism 혹은 중우정치衆愚政治야 말로, 민주주의의 최대 단점이라 지적했다. 그래서 플라톤은 지혜를 가진 철학자가 통치를 해야 한다고 주장했다.

싱가포르는 "플라톤의 철인정치가 표방하듯 뛰어난 재능을 지닌 소수의 우수한 인재를 일찌감치 체계적으로 교육시키고, 이들 중에서 지

도자가 될 만한 인재를 뽑아 교육시키는 독재적이고 엘리트주의적인 시스템을 추구"해 왔다.[28]

실제로 리콴유는 서양식 민주주의를 거부하고 "가족과 국가에 충성을 다하는 가부장적이고 다소 권위주의적인 유교적 전통"을 기반으로 한 '아시아적 가치'를 주창했다.[29]

리콴유는 서양식 민주주의적 가치를 충분히 공감하고 그 자신도 영국 유학 시절 동안 민주주의 제도에 매료되었음에도 불구하고, 과감히 냉정한 현실 정치 지도자로 권력을 행사하기 시작했다. 그는 서양식 민주주의 대신, 유능한 엘리트가 권력을 가지고 합리적인 정책을 마련하여 시행할 때만이 지속 가능한 발전이 가능하다고 믿었다. 그래서 리콴유는 성과중심주의를 기반으로 한 시스템을 엘리트 집단이 리드하게 하는 정치체제를 구축했다.

성과주의 시스템은 구성원들 각자가 최선을 다하도록 동기를 부여함으로써 능력이 부족한 사람들을 포함한 모든 이들에게 유익을 가져다 줄 수 있다고 믿었기 때문이다.

> "이와는 반대로 모든 사람은 평등하며, 능력이 뛰어난 사람이 오히려 예외라는 생각은 완전히 어리석은 접근 방식이며, 심지어 사악한 속임수에 불과하다. 엘리트 체제를 찾아볼 수 없는 엄격한 민주주의 시스템은 평범

28 양현모, 조태준, 서용석, 《싱가포르의 행정과 공공정책》(2010), 신조사, 132쪽
29 김종수, '아시아적 가치, 한국적 가치', 중앙일보, 2009년 8월 20일

에만 주목한다. 반면에 솔직하고 용감무쌍한 엘리트들, 즉 현대의 '왕자'들은 거침없이 진실을 말하고, 그에 따라 움직인다."[30]

리콴유는 1990년 총리직에서 사퇴할 때까지 31년간 자신의 신념에 따라 싱가포르를 경영했다. 이 기간 동안 강력한 법치에 의한 통치라는 기준을 세우고 청렴하고 효율적인 정부 시스템을 창조해 냈다. 뿐만 아니라 적극적으로 내외 자본을 유치하여 고도의 산업화를 이루어 냈다. 로이터통신은 "리콴유는 영국 식민지 시절 모기가 들끓는 늪에 불과했던 섬을 세계경제 중심국으로 변화시켰다."고 평가하기도 했다.

싱가포르는 빈민가를 철거하고 국민 대다수에게 임대주택을 제공하는 국민주택 제도를 마련하였으며, 교육을 확대하고 엘리트 중심 교육 제도를 통한 인재 개발을 했다. 현재 싱가포르의 일인당 GDP는 미국, 독일, 일본을 앞섰다.

2015년 91세의 나이로 리콴유가 세상을 떠난 후에도 그가 만든 싱가포르의 엘리트 집단과 싱가포르 국민들은 '최고의 정책'들을 실행에 옮기고 있다. "국민 모두를 위한 사회적 평등을 이룩하고, 진보를 향해 끊임없이 나아가며, 부패를 척결하고 그리고 법과 질서를 기반으로 세계주의적 이상을 실현하는 리콴유의 정치 시스템"은 여전히 유효하다.[31]

30   톰 플레이트, 《리콴유와의 대화》(2013), 알에이치코리아, 158쪽
31   위의 책, 289쪽

싱가포르의
선별적 엘리트 교육제도

뛰어난 엘리트가 국가를 운영해야 한다는 싱가포르의 정치철학에 맞추어 싱가포르의 교육제도도 철저한 '엘리트주의와 성과주의'에 기반하고 있다. 실제로 싱가포르에서는 초등학교 6학년부터 상급 학교로 진학하는 학생과 직업교육을 받는 학생들을 구분하는 일종의 '솎아 내기streaming-out'가 이루어진다.

초등학교 6학년에 싱가포르 학생들은 PSLEPrimary School Leaving Examination이라는 시험을 보게 되는데 성적에 따라 상급 학교인 중학교에 진학하는 학생과 유급하여 학교에 남는 학생이 나누어진다.

더 자세히 살펴보면 초등학교 졸업생 중 대략 상위 60퍼센트의 학생들만이 중학교로 진학을 하게 되며, 약 25퍼센트의 중위권 학생들은 남아 초등학교 과정을 2년 더 연장해서 다니면서 졸업 시험을 치를 기회를 얻게 된다. 나머지 하위 15퍼센트의 학생들은 중위권 학생들처럼 초등학교를 2년 더 다니는데, 이때에는 자신이 속한 민족의 언어를 더 집중적으로 공부한 다음에 바로 직업교육 과정으로 나아가게 된다.

중등교육 과정도 영국과 같이 4년으로 구성되는데, 초등학교 졸업 시험 성적에 따라 중등학교에서도 반이 분류가 된다. 상위 6퍼센트의 학생들은 특별이중언어 과정Special Bilingual Course으로 보내지고, 중위 60퍼센트 학생들이 받는 신속이중언어 과정Express Bilingual Course으로 가며, 나머지 하위 성적의 학생들은 보통이중언어 과정Normal Bilingual

145

Course을 이수하게 된다.

이 중 특별이중언어 과정 및 신속이중언어 과정 학생들은 중등 4년 과정을 마친 후 중등학교 졸업 자격시험GCE O level을 볼 수 있으며, 보통이중언어 과정 학생들은 4년 후 중등학교 수료 시험GCE N level을 본 다음 그중 성적 우수자는 5학년으로 진급해서 졸업 자격시험을 볼 수 있게 된다. 이 중 성적 미달자는 실업계로 보내지거나 아니면 취업을 하는 길로 가게 된다.

고등학교에서도 이런 솎아 내기는 동일하게 이루어진다. 앞서 중등 학교 졸업 자격시험인 O-level에서 우수한 성적을 거둔 학생들은 대학 예비 학교인 주니어 칼리지Junior College에 진학해서 2년간 공부를 하고, 고등교육 졸업 자격시험GCE A-level을 보게 된다.

학생들은 A-level의 성적에 따라 싱가포르 내의 대학에 진학하거나, 외국 대학에 유학을 가게 된다. O-level 시험에서 보통의 성적을 거둔 학생들은 3년제 전문 기술 교육기관인 폴리테크닉Polytechnic에서 전문 교육을 받고, 성적 미달자는 실업계 직업 훈련원에 가거나 취업을 하게 된다.[32]

물론 싱가포르 정부도 이렇게 어린 나이부터 학생을 인문계와 실업 계로 나누게 되는 폐단에 대해서 충분히 인식하고 있다. 그래서 근래에 들어와서는 이렇게 일찍 학생들을 나누는 것을 보완할 수 있는 새로운

32 박동운, '리콴유는 싱가포르를 어떻게 초일류 국가로 만들었나? 교육개혁2 – 싱가포르의 능력주의 교육', 조선 pub, 2015년 10월 24일

제도를 만들어 내고 있다.

하위 15퍼센트에 속한 학생이라도 2년간 초등학교를 유급하면서 좋은 성적을 내게 되면 다시 중등학교로 진학할 수 있는 시험 기회를 더 준다. 실제로 이렇게 해서 다시 인문계 과정으로 진학하는 학생들도 있다. 그뿐만 아니라 학생들로 하여금 과목별 수준별 수업을 듣게 한다. 또한 잘하는 과목을 먼저 패스하게 해 주고, 어려운 과목은 충분히 공부할 수 있는 시간을 준 후 나중에 패스할 수 있게 해 주는 제도도 실행 중에 있다.

하지만 기본적으로 싱가포르 교육제도는 솎아 내기를 유지하고 있다. 이렇게 걸러진 학생들만 상급 학교로 진학하는 제도를 고수하다 보니, 상급 학교로 갈수록 학생들의 평균 성적이 높아지는 것은 당연한 결과라 할 수 있다. 싱가포르 학생들이 PISA와 같은 국제적인 비교 평가를 위한 수학 능력 시험에서 전 과목에서 최우수권에 포진되어 있는 것도 바로 이러한 선별적 교육제도의 영향 때문이라는 것을 부정할 수가 없다.

평준화인가
능력 중심의 성과주의인가

싱가포르 교육부에서 근무하는 공무원 친구는 인터뷰에서 이러한 선별적 교육제도의 기원을 국가 건설 시기 싱가포르의 사회적 상황에 의거한 것이라며, 다음과 같은 설명을 해 주었다.

"싱가포르에서 이러한 선별적 교육제도가 만들어지고 본격적으로 실행된 것은 1970년대 초반이야. 그때만 해도 싱가포르의 경제 상황은 매우 어려웠지. 그래서 학생들이 공부보다는 집안 생계를 도와야 했기 때문에 학교 중퇴율이 아주 높았어. 가난한 싱가포르 정부는 얼마 되지 않는 재원을 효율적으로 분배하는 방법을 고민했어. 그래서 어차피 여러 사정 때문에 학교를 다니다가 중도에 그만두는 학생들을 정부가 제도적인 장치들을 통해 사전에 걸러 냄으로써 전략적으로 부족한 자원을 필요한 인재들을 키우는 데 투자하기로 한 거야. 그래야 경제적으로 빠르게 발전할 수 있다 생각했고, 이런 논리로 만들어진 제도가 선별적 교육제도인 거지."

"하지만 이제 싱가포르는 부자 나라가 되었는데 아직까지도 이 제도를 유지하는 이유는 뭐야?"

"리콴유의 아들인 리센룽 수상이 이런 말을 한 적이 있어. '민중주의와 획일적 평등주의의 환상에 사로잡혀 엘리트 교육을 포기하고 교육의 평준화를 고집한다면 사회의 하향 평준화를 초래해 결국은 망국의 길로 접어들게 된다.' 이 경고의 말이 싱가포르 리더들의 교육에 대한 철학을 확실히 보여 주는 것일 거야.

싱가포르는 물까지도 수입을 해야 하는 천연자원 부족 국가야. 그리고 늘 강대국 사이에 끼어서 생존해야 하는 조그마한 도시국가이기도 하지. 이런 안 좋은

환경을 가진 싱가포르가 그나마 이렇게 훌륭하게 발전할 수 있었던 이유는 딱 하
나야. 바로 훌륭한 인재이지. 선별적 엘리트 교육제도 하나가 이런 인재풀을 만들
어 냈다고는 할 수 없겠지만, 중요한 요인 중에 하나임은 분명해."

싱가포르의 교육정책은 우리나라와 같이 정부 주도이다. 하지만 싱
가포르는 교육의 평준화에 초점을 맞추고 있지 않다는 것이 우리나라
와의 차이점이다. 오히려 "능력 우선주의 원칙을 적용하여 인재를 발
굴하고, 이에 집중 투자하여 국가의 장래를 위한 우수한 인력을 육성한
다. 즉 모든 국민에게 균등한 교육 기회를 주되 능력 있고 최선을 다하
는 자에게 합당한 결과가 돌아가도록 해야 한다."는 실적주의meritocracy
논리가 경제 분야뿐만 아니라 교육 분야에서도 철저히 적용되고 있음
을 알 수 있었다.[33] 친구가 인터뷰 내내 '기회의 평등 원칙'을 강조한 것
도 이와 무관하지 않은 듯했다.

33   양승윤 외, 《싱가포르》(2004), 한국외국어대학교 출판부, 250쪽

교육은
정치가 아니다

이처럼 철저한 실적주의 혹은 능력주의 논리로 짜여진 싱가포르의 교육제도는 모든 국민이 능력만 있으면 경제적 능력과 상관없이 고등 교육을 받을 수 있다는 기본 원칙을 충실히 지키고 있다.

2010년 싱가포르 국립내학 경영 및 인문 사회 과학 대학 학생을 대상으로 한 설문 조사에서 부모님의 학력이 전문대를 포함한 대학교 이상인 비율이 30퍼센트에 불과한 것으로 조사되었다. 같은 해 한국에서의 상황과 비교해 볼 때 오히려 부모의 학력과 경제적 배경에 따른 대물림 현상이 오히려 싱가포르가 덜 하다 할 수 있다.[34]

싱가포르에서는 국가에서 시행하는 시험 성적에 의해 학생들의 솎아내기가 이루어지기 때문에 일단 학교교육(공교육)에서의 평가의 객관성이 확보되어 있다. 또한 풍요로운 장학금과 학자금 제도가 존재하기 때문에 부모의 경제력에 따른 학습 여건의 격차가 덜 하기 때문이다.

하지만 싱가포르 친구들에게 실제 부모의 경제력이 자녀들의 학업에 영향이 없느냐고 직설적으로 질문을 했을 때 그들의 답변은 한결같았다.

"싱가포르에서도 부자 부모 만날수록 좋은 학교, 좋은 직장에 갈 확률이 높은 건 당연하지."

"그럼 교육정책에서 사회 경제적 요인에 의한 차이에 대해 논의를 안 해? 미국에서도, 한국에서도 이 부분이 교육정책을 만드는 데 있어서 가장 민감한 부분이거든."

"그래? 난 이 부분을 가지고 왜 그렇게 싸우는지 이해가 안 되는데. 당연히 집이 가난하면 공부하기가 힘들지. 하지만 싱가포르 국민이라면 먹고 사는 문제는 해결되었기 때문에 가난해서 공부를 못할 정도는 아니야. 물론 교육 수준이 높고 시간적 금전적 여유가 있는 부모를 가졌다면, 같은 공부를 하더라도 더 많은 도움을 받을 수 있겠지. 부모님이 도와주실 수도 있고, 안 되면 개인 교사를 붙여 줄 수도 있으니깐 말이야."

"그런데 싱가포르 국민들은 이에 대해 불만이 없단 말이야? 교육정책이 이 부분을 다뤄야 한다고 생각하지 않아? 언론에서는 아무런 비판도 안 해?"

"하하하. 싱가포르는 언론의 자유가 없으니깐 언론에서 이 부분을 다룰 수 있는 재간은 없겠지. 하지만 교육정책의 본질은 학생의 학습 능력을 다루는 거 아니야?"

싱가포르 교육부에서 그것도 논란의 중심에 있는 솎아 내기 정책을 담당하는 친구가 나의 질문에 이렇게 반문했을 때, 나는 당황할 수밖에 없었다.

"그게 무슨 말이야?"

"교육정책이잖아. 학생이나 부모가 가난하다면 그 부분은 복지 정책에서 다루면 되는 것이고, 만약 학생의 가성이 보조금이 필요하다면 그 부분은 재정 정책에서 다루면 되는 거지. 교육은 학생의 학습 능력을 어떻게 향상시킬 수 있을 것인가에 대해 우선적으로 신경 써야 되는 거 아니야? 교육은 정치가 아니잖아."

마지막 말을 듣는 순간, 나는 망치로 머리를 맞은 듯한 기분이 들었다. '교육은 정치가 아니다.'

리센룽 총리가 했다는 다소 강력한 이 발언은 바로 '교육의 정치화'에 대해 경고였을 것이다. "교육은 백년대계"라는 말이 무색하게 우리나라에서는 정권이 바뀔 때마다 각 정권의 정치적 노선에 따라 교육정책이 바뀐다. 언론에서는 자신들의 정치적 어젠다agenda를 교묘하게 숨긴 채 교육개혁 내용을 비판 혹은 옹호하기에 정신이 없다.

싱가포르는 국가 경제가 아무리 어렵고, 정치 상황이 아무리 혼란스럽더라도 인력 개발 문제는 정부의 최우선 과제로 삼고 장기적인 관점에서 다루어져야 한다고 일찍부터 천명하고, 우수한 인재를 키우기 위해 노력해 왔다.

또한 싱가포르의 교육과정은 미래의 산업 인력 수급 전망과도 밀접하게 연계되어 있다. 먼저 통산산업부가 향후 5년 후의 산업 인력 수급 상황을 전망하여 교육부에 보내고, 교육부는 이에 맞추어 교육과정을 조정하여 인력을 양성해 내서 학력 수준과 일자리가 일치되게 한다. 그래서 철저하게 교육 훈련을 받은 인력이 낭비되는 경우를 막고자 한다.[35]

싱가포르 정부는 건국 초기부터 이런 기조 아래서 교육제도를 만들었고, 반세기가 지난 지금까지도 이 제도를 꾸준히 유지하며 변화하는 시대와 환경에 맞게 업그레이드하고 있다. 따라서 이 제도의 많은 단점에도 불구하고 싱가포르 국민들은 자국의 교육제도의 효율성과 공평성에 대해 신뢰를 하고 있다. 나는 무엇보다도 이런 싱가포르의 역설적인 '교육의 탈정치화'가 지금 대한민국의 교육 현실에 많은 것을 시사해 준다고 생각한다.

세계를 누비는 인재를 키워 내는
글로벌 교육

싱가포르에는 대학이 6개밖에 없다. 우리나라에도 많이 알려진 싱가포르 국립대학교National University of Singapore, 난양 공과대학Nanyang Technological University, 싱가포르 경영 대학Singapore Management University을 비롯해, 2010년 이후에 개교한 싱가포르 기술 및 디자인 대학Singapore University of Technology and Design, 싱가포르 공과대학Singapore Institute of Technology, 싱가포르 사회 과학 대학Singapore University of Social Sciences 등이 있다. 싱가포르 국립대학과 난양 공대는 세계 대학 랭킹에서 우리나라의 명문 대학보다 상위에 랭크되어 있는 등 그 수준이 아시아 최고로 꼽힌다.

이 여섯 개의 대학 이외에 싱가포르에 있는 대학은 대부분 외국 유명 대학의 분교이다. 대학 입시에서는 앞서 얘기한 국가가 인증한 시험 과목에서의 성적을 기준으로 한 우수한 학업 성적이 가장 중요한 요인이었으나, 2002년부터는 학업 성적 이외에 과외 활동 및 프로젝트 성취도를 포함한 종합적인 평가가 이루어지고 있다.

철저한 능력주의 제도에 의해 '걸러진' 학생들은 싱가포르 내의 대학교에 진학하지만, 또한 많은 수의 학생들이 해외 유명 대학에 유학을 간다. 싱가포르 교육제도가 영국의 입시 제도를 따라가기 때문에, 학생들이 GCSE와 A-level 성적을 가진 것이 이런 해외 유학을 용이하게 만드는 것도 있다. 그리고 싱가포르 정부가 장학금을 주는 등 싱가포르 학생들이 해외 유수 대학에서 공부를 하고 글로벌 인재로 성장할 수 있도록 주도적으로 돕는다.

싱가포르 최고의 명문 사학인 래플스 주니어 칼리지Raffles Junior College 는 300여 명의 졸업생 중 반 이상이 미국의 명문 대학에 입학해서, 미

154

국의 명문 사립 고교들과 함께 아이비리그에 가장 많은 학생들을 보내는 것으로 알려져 있다. 국제 학교인 유나이티드 월드 칼리지United World College나 SASSingapore American School뿐만 아니라 화총 스쿨와 테마섹 주니어 칼리지Temasek Junior College, 빅토리아 주니어 칼리지Victoria Junior College 등 공립학교에서도 연간 60~70명의 학생들이 미국 아이비리그 대학에 진학할 정도이다.[36]

영국 대학 특히 옥스퍼드대와 케임브리지대에서도 매년 100여 명이 넘는 싱가포르 학생들이 와서 공부를 한다. 그래서 옥스퍼드대와 케임브리지대 입학 사정관이 직접 싱가포르에 가서 입학시험과 면접을 치르기도 한다. 내가 옥스퍼드대에서 공부하고 있을 때도 정말 많은 싱가포르 학생들이 학사, 석사, 박사 과정에서 공부하고 있었다.

대부분 싱가포르 학생들이 성실하고 학과 성적도 뛰어나 교수들에게도 평판이 좋다. '얼음 공주'라는 별명에 걸맞게 칭찬에 인색하기로 명성이 자자했던 교육학과의 교수님도 카운슬링 하는 여러 학생들 중 단 한 학생만 칭찬했는데, 그 학생이 싱가포르 남학생이었다.

싱가포르에서 고등학교까지 마치면 미국과 영국의 유명 대학에 진학할 수 있고, 유학을 가서도 충분히 학업을 잘 따라갈 수 있을 만큼의 실력도 갖추기 때문에, 동남아시아 및 중국의 많은 가정들이 싱가포르로 자녀들을 유학 보내기도 한다.

옥스퍼드대에서 만난 중국, 인도네시아 친구들 중 대부분이 싱가포르에서 학교를 다니다가 영국으로 유학을 온 케이스였는데, 영어도 잘하고 글로벌 문화에 익숙해서 그런지 별다른 어려움 없이 대학 생활에 적응했다. 이들을 보면서 싱가포르가 '아시아의 교육 허브'로 부상하고 있는 것은 당연한 일이란 생각이 들었다.

처음 싱가포르에 대해 연구할 때 막대한 교육 투자에도 불구하고 대학 수가 불과 10개도 안 되는 것을 보고 의아하게 생각했었는데, 이제는 그 비밀을 알 것 같다. 싱가포르는 자국의 학생들뿐만 아니라 아시아에서 유학 온 학생들을 세계를 누빌 수 있는 인재들로 키워 내기 위한 '인큐베이터Incubator' 역할을 하고 있었던 것이다. 싱가포르에서 공부하는 학생들의 꿈은 싱가포르의 교육제도를 발판 삼아 세계로 도약해 세계 최고의 교육기관에서 수학하는 것이다.

한편 싱가포르 정부는 2003년 8월 세계 유명 대학 및 교육기관들의 분교를 싱가포르로 유치하면서, 중국, 인도, 말레이시아 등 아시아권의 해외 유학생을 흡수해서 싱가포르를 '국제 교육 거점Global School House'으로 육성하겠다는 계획을 세웠다.

이 계획에 따라 미국의 존스 홉킨스 대학Johns Hopkins University, 듀크 대학Duke University, 와튼 스쿨Wharton School, 프랑스의 인시아드INSEAD, 독일의 뮌헨 공대TUM 등을 포함한 많은 세계적으로 우수한 대학들이 싱가포르에 분교 캠퍼스를 세웠다.

이처럼 싱가포르 정부는 '교육의 국제화'에 세계 어느 나라보다 앞장서고 있다. 이는 국제화된 인재야말로 싱가포르를 세계화의 거대한

흐름 속에서 발 빠르게 앞서 나갈 수 있게 하는 가장 큰 동력이라 믿기
때문이다.

대통령
장학생

싱가포르는 글로벌 인재를 키우기 위해 리콴유 재단Lee Kwan Yew
Foundation이나 고켕쉐 재단Goh Keng Swee Foundation과 같이 정부 기관과
관계된 재단에서도 해외 유학생 지원 사업을 벌이고 있다. 가장 대표적
인 것이 매년 전체 고등학교 졸업생 중 학업 성적과 교사 및 교장의 추
천으로 선발된 5명에서 10명 정도의 '대통령 장학생President's Scholar'이
다. 이들은 정부 차원에서 세계와 겨루며 국가의 미래를 짊어지고 나갈
차세대 예비 지도자들로 범정부 차원에서 육성, 관리되는데, 많은 대통
령 장학생들이 싱가포르 정부의 요직을 차지하고 있다.

신기하게도 옥스퍼드에서 친하게 지냈던 싱가포르 친구 두 명이 모
두 이 대통령 장학생이었다. 둘 다 워낙 겸손한 탓에 나중에 친구들이
싱가포르로 돌아간 후에 이 사실을 알게 되었다. 싱가포르의 교육제도
의 특징에 대한 이해를 돕기 위해 이 두 친구에 대해 간략하게 이야기
하겠다.

한 명은 부유한 가정에서 태어나 싱가포르 최고의 명문 사학인 래플

스Raffles에서 초등학교, 중학교, 고등학교까지 공부하다가 대통령 장학금을 받고 옥스퍼드 대학 학부 과정에 입학한 학생이다. 이 친구는 내가 학부 때 다녔던 하트포드 칼리지에서 철학·정치·경제학과 통합 학부를 공부한데다가, K-pop을 좋아해서 친해지게 되었다.

다른 한 명은 가난한 가정에서 태어나 엄마가 다니던 교회의 도움으로 교회에 소속되어 있는 기독교 사립학교를 입학해 공부를 하다가, 난양 공과대학을 졸업하고 옥스퍼드대에 이론물리학 석사 과정을 공부하러 온 학생이었다. 이 친구는 자기가 공부를 열심히 하게 된 계기는 초등학교 때 속했던 열등반의 경험이라고 했다.

"항상 주위를 돌아보면 엄청 똑똑하고 멋진데다가 부모도 잘 만난 친구들이 득실거려서 난 항상 위축되어 있었어. 그런데 열등반에 갔더니 다르더라고. 내가 조금만 공부를 해도 성적이 오르는 거야. 싱가포르는 상대평가니까. 그래서 자신감이 생겼어. 나도 하면 되는구나 하고.

모두가 우열반을 나누는 걸 우수한 학생들에 초점을 맞추어서 이야기를 하는데, 나는 왜 밑에 반 친구들이 항상 '열등감'을 느낄 거라고 생각하는지 모르겠어. 사실 그렇지 않거든. 벗어날 구멍만 있으면 이곳에 가서 자신감을 얻고 공부하는 법을 배우는 것도 나쁘지 않은 것 같아. 그리고 어릴 때부터 영재반에서만 공부한 애들도 내가 많이 알거든. 오히려 걔들이 얼마나 열등감이 심한지 알아? 그리고 걔들이랑 놀면 너무 재미없어. 너무 비슷하고, 똑같은 이야기만 하니 지루해!"

옥스퍼드에서 처음 만난 이 두 싱가포르 친구들은 너무 다른 가정환

경, 교육 배경 그리고 성격 때문에 서로에게 관심이 없는 듯했다. 오히
려 서로 각각 다른 사람을 좋아해 나에게 연애 상담을 하곤 했었다. 그
런데 웬걸, 이 둘은 싱가포르로 돌아간 지 정확히 5년 후 결혼을 했다.
그리고 지금은 싱가포르에서 한 명은 총리 전략실에서, 한 명은 교육부
에서 촉망받는 젊은 공무원으로서 열심히 일을 하고 있는 중이다.

내 친구들과 같은 장학금 수혜자들은 싱가포르 정부에서 장학금을
받는 기간만큼 정부 기관에서 일을 해야 한다는 계약Binding Agreement이
있다. 너무 일찍부터 진로가 정해진다니 답답하겠다는 생각을 했었는
데, 친구들을 보니 시각이 좀 달라졌다.

이들은 생활비나 학비 고민 없이 주어진 장학금으로 영국에서 넉넉
하게 생활할 수 있고, 싱가포르에 돌아가면 해야 할 업무가 정해져 있
다. 그래서인지 한국의 대학생이나 대학원생들이 당연하게 생각하는
재정과 진로에 대한 고민에서 이들은 자유로웠고, 그만큼 남는 에너지
를 주어진 학업과 자기 계발에 투자했다. 그들은 돈 걱정 없이 취업 걱
정 없이 마음껏 글로벌 교육을 즐길 수 있는 여유와 세계화된 지식과
경험을 쏟아 부을 수 있는 업무의 장을 누리고 있는 것이다.

싱가포르 최고의 엘리트,
공무원

　싱가포르에서 해외로 나온 대부분의 싱가포르 학생들은 국가에서 준 장학금을 받으면서 공부를 하기 때문에, 이들이 해외에서 공부하고 경험을 쌓은 다음 싱가포르 사회에 다시 진입하기가 굉장히 용이하다.

　싱기포르에는 공무원 임용 시험세도가 없다. "인재 양성을 위한 정교한 교육제도를 통해서 유능한 공무원 후보자들을 교사와 교수의 추천을 통해 일찍부터 발굴하고 장학금을 지급해서 육성하며, 국가관과 적성 및 능력을 전 교육과정을 통해서 거듭거듭 검증"을 했기 때문이다.[37]

　공무원 후보자들은 국가공무원의 장기 수급 계획에 따라 해당 분야의 교육 기회가 주어지는데, 해외 유학생의 전공이나 수학 기간도 이렇게 정부와의 유기적 관계를 통해 계획되고 정해진다. 학생들은 외국의 유명 대학에서 공부를 하고 싱가포르에 돌아와 자신이 배운 것들을 십분 사용할 수 있는 기회를 갖게 된다. 그리고 이 중 가장 우수한 학생들은 특별 관리를 받은 뒤 30~40대에 고위직을 차지하는 등 초고속 승진을 한다.

　이렇게 공무원 후보자인 학생들에게 아낌없이 투자하는 것은 리콴

37　양승윤 외,《싱가포르》(2004), 한국외국어대학교 출판부, 255쪽

유의 '깨끗하고 유능한 정부관'과 밀접한 연관이 있다. 리콴유는 국가
가 발전하려면 먼저 정부가 깨끗해야 되는데, 공무원들에게 세계 최고
수준의 월급을 제공하면 부정부패를 저지르지 않을 거라 생각했다.

실제로 리콴유 집권 초기에는 장관들을 모두 부자들로만 등용하기
도 했는데, 이는 공무원들이 관직을 그만두어도 생계를 이어 나갈 만큼
의 충분한 자산이 있으면 관직을 이용해 부정 축재를 할 가능성이 낮
다고 생각한 '현실적 안목'에 의거한 결정이었다.

이러한 논리가 지속적으로 적용되어 싱가포르에서는 공무원이 최고
의 대우를 받으며, 다국적기업보다 더 높은 연봉을 받는 경우도 많다.
그래서 싱가포르 사회에서는 공직에 취임하는 것을 최고의 성공으로
여긴다.[38]

국가에서는 우수한 엘리트들은 일찍이 파악해 놓고, 대학을 우수한
성적으로 졸업을 하면 관리로 발탁한다. 대통령 장학금 외에도 정부 각
처의 장학금 등 싱가포르 정부 내에만 해도 50개가 넘는 장학금이 존
재한다. 장학금을 받은 학생들은 미국, 유럽, 호주, 일본 등지로 유학을
다녀와서 공직에서 일을 하기 때문에 총리를 비롯한 고위 공무원들은
대다수 장학생 출신이다.

이러한 공무원 제도 때문에, 싱가포르 정부의 국가경쟁력은 세계경
제포럼World Economic Forum을 비롯한 여러 국제적인 통계에서 늘 최상위

에 포진되어 있다.

이렇게 빈틈없이 짜여진 듯한 싱가포르의 교육 및 인재 개발 제도를 보면서 많은 사람들은 싱가포르를 깨끗하고 질서 있긴 하지만, 권위주의적인 정부가 사회와 국민의 많은 부분을 통제하는 '보모 사회Nanny Society'라는 비판을 하기도 한다.

영국과 싱가포르 두 국가 모두에서 살았던 경험을 담은 이순미 작가의 《유리벽 인에서 행복한 나라》라는 책에서 싱가포르에 대해 이렇게 평한다.

> "국민 대다수의 공익을 최고선으로 여기는, 공공의 선과 유교적인 질서를 최고의 가치로 여기는 나라로서, 개인의 자유보다는 공공의 자유를 우선하는 사회주의라는 점에서 영국과 비슷하지만, 싱가포르는 영국보다 더 구속력이 크다."

하지만 리콴유는 이미 이에 대한 비판에 익숙한 듯했다. 그는 오히려 반문한다.

> "정말로 국민들이 원하고 있는 게 무엇인가요? 여론조사를 해 보세요. 진정 국민의 바람이 무엇인가. 과연 원하는 기사를 쓸 권리인가요? 그들이

원하는 것은 주택과 의료, 일자리와 학교입니다. 바로 국민들이 이념이
아니라 현실을 원한다는 사실입니다."[39]

리콴유는 대영제국과 제국주의 일본의 식민 통치를 번갈아 경험한
뒤 "강대국들에 갇힌 국민이 살아남기 위해 어떻게 해야 하는지를 알
게 되었다"고 회상하면서, 영국에서 유학 후 조국에 돌아와 냉정하게
현실을 직시하면서 나라를 재건했다.[40] 자신이 받았던 엘리트 교육을 더
많은 국민들에게 제공하고, 엘리트 관료들을 끊임없이 채찍질하며 현실
적 문제에 집중하는 성과주의 시스템을 싱가포르 사회에 정착시켰다.

이런 의미에서 싱가포르 교육제도는 결국 리콴유와 비슷한 엘리트
들인 '리틀 리콴유'들을 더 많이 만들어 내었다고 볼 수 있다. 즉 한 명
의 철인이 아닌 몇만 명의 철인들이 싱가포르를 거대한 세계화 및 지
식 경제의 물결에서 생존하게 할 뿐만 아니라 그 변화를 리드하도록
만들어 내었다.

독재 때문에 역설적이게도 정치 상황에 영향을 적게 받고 인재 개발
이라는 교육의 목표에 집중한 싱가포르의 교육제도는 정권에 따라 교
육제도가 끊임없이 바뀌는 우리나라에 시사하는 바가 크다. 이제는 어
떤 입시 제도가 효율적인가가 아니라 교육의 목표란 무엇인지, 교육에
있어서 효율성이란 무엇인지 고민해 봐야 할 시기이다.

---

40   AFP 연합뉴스, '(리콴유 타계) 나는 늘 마키아벨리가 옳다고 믿었다', 허핑턴 포스트, 2015년
     3월 23일

5

핀란드

아이의 속도를

기다릴 수

있는가

"교육은 두뇌만을 키우는 게 아닙니다.
좋은 어른이 될 수 있도록 마음의 무게를 중시합니다."
- 핀란드 교사

○　아이의 속도를
　　기다릴 수 있는가?

세계는 지금 무한 경쟁 시대로 치닫고 있다. 인공지능의 발달로 이제
는 인간이 로봇과도 경쟁해야 하는 시대가 올지도 모른다. 이런 시대
적 상황 속에서 과연 우리 아이들이 학교에서 가정에서 친구들과 그
리고 형제들과 서로 협동하고 함께 발전하게 하는 교육을 추구할 수
있을까?

불과 20세기 초반에만 해도 식민지 국가에다가 2차 세계대전 패전
국에서 반세기 만에 괄목할 만한 경제적 사회적 성장을 이뤄 낸 핀
란드는 현재 전 세계적으로 알려진 국가경쟁력 1위의 나라이자 다른
선진국들의 교육가와 정치가들이 교육제도를 벤치마킹하러 오는 교
육 강국이기도 하다.

하지만 무엇보다도 핀란드 교육에서 놀라운 점은 학교교육에서 '공
동체'와 '평등'을 강조하는 철학을 가지고 있고, 이를 제도적으로 뒷
받침하고 있다는 점이다. 무엇이 핀란드 교육에서 '경쟁'과 '협동',
'개인'과 '공동체'라는 두 가지 가치를 동시에 추구할 수 있도록 만들
었을까? 그 비밀은 과연 어디에 있을까?

핀란드에서
보냈던 여름

핀란드의 여름 하늘은 한없이 맑고 청량했다. 같은 유럽이라 영국과 비슷할 것이란 내 생각을 비웃듯, 핀란드 여름의 백야는 내가 상상한 것보다 훨씬 길었다. 이곳 사람들은 기나긴 겨울의 우울함을 흔적도 없이 씻어 낼 기세로 뜨거운 여름 태양을 맞으러 공원으로 나왔다.

삼삼오오 앉아서 수다를 떠는 젊은이들, 아이와 함께 공놀이를 하는 아빠, 잔디 위를 종종걸음으로 돌아다니는 아기가 넘어질까 뒤에서 조심히 따라다니는 엄마, 이들의 노는 모습은 우리나라의 여느 공원과 다를 바가 없었다. 하지만 이렇게 인공적으로 조성된 공원마저 자연 그대로의 모습을 지키려는 노력이 역력했다.

듣기로는 핀란드 샐러리맨의 70퍼센트 이상이 시골의 숲이나 호수 근처에 작은 별장cottage을 가지고 있다고 했다. 그래서 주말이면 어김

없이 가족이나 친구들과 함께 복잡한 도심을 벗어나 자연에서 친밀한 시간을 갖는다고 한다.

나는 친구 덕분에 핀란드식 전원 라이프를 경험할 기회가 생겼다. 핀란드 친구의 할머니도 헬싱키 근교에 작은 별장을 가지고 있었고, 할머니의 초대로 할머니의 조카사위인 투카 씨 가족들과 함께 별장에 가서 하루를 지내게 되었다.

별장이란 말이 무색하게 거실과 식당이 붙어 있는 형식의 조그마한 통나무집이었다. 별장은 침엽수림으로 덮여 있는 숲 속을 차로 한 시간쯤 달리고, 작은 통통배를 타고 10분 정도 호수를 가로질러 들어간 조그마한 섬 위에 위치해 있었다.

아침 일찍부터 일어나 차를 타고 오느라 허기졌던 우리를 맞아 준 것은 투카 씨가 손수 만든 핀란드식 팬케이크였다. 미리 준비해 간 쿠키와 함께 따뜻한 커피, 핫초콜릿과 함께 먹었던 팬케이크는 지금도 그 맛이 머릿속에 남아 있을 만큼 맛있었다.

간식을 먹은 후에 10살 난 투카 씨의 딸 마리가 바이올린을 연주해 주었다. 요즘에 배우고 있는 곡이라면서 실수를 할 때마다 멋쩍게 웃는 모습이 너무 귀여워서, 연주를 듣기보다 아이의 얼굴만 계속 흐뭇하게 바라보고 있었다.

그날 대부분의 시간을 마리와 놀면서 지냈다. 마리는 핀란드의 국민 캐릭터 '무민'의 왕팬이라며 무민 책들을 잔뜩 가지고 와서 한 권 한 권 펴 보이면서 나에게 설명을 했다. 아직 영어가 서툰 마리가 핀란드어로 말을 하면 투카 씨가 영어로 통역을 해 주었다. 영국에 있을 때 이미 무

169

민 이야기를 책으로 읽었지만 마리가 들려주는 이야기가 훨씬 생생하고 재미있었다. 나중에 투카 씨에게 마리가 들려준 이야기가 원래 책에 있는 이야기냐고 물어보니 답변이 흥미로웠다.

"원래 무민 이야기를 마리가 자기 전에 침대에서 베드타임 스토리 bedtime story로 들려주곤 했거든요. 그런데 보시다시피 마리가 질문이 참 많은 아이예요. 빨리 자도록 이야기를 이리저리 각색을 하다 보니 지금 마리 버전의 무민 이야기가 탄생한 거지요."

머리를 긁적긁적하면서 수줍게 이야기하는 투카 씨를 보면서 마리의 귀여운 미소가 아빠한테 물려받은 게 아닐까 하는 생각이 들었다.

우리는 투카 씨의 아내가 정성스럽게 준비해 준 치즈와 토마토소스가 듬뿍 든 라자냐로 늦은 점심을 해결하고 오후 늦게 다시 헬싱키로 돌아왔다. 비록 짧은 여행이었지만 일주일간의 핀란드 여행 중 가장 행복하고 기억에 남는 시간이었다.

영국에서 대학 졸업 후 한국에 돌아오기 전 마지막 여행지로 선택했던 북유럽 국가, 핀란드. 2004년 여름, 그때는 한국 인구의 10분의 1밖에 안 되는 이 조그마한 나라가 세계 국가경쟁력 1위에, 국제 학업 성취도 1위까지 해서 세계 각국에서 교육자와 국회의원들이 선진 교육 제도를 배우기 위해서 끊임없이 찾아오는 나라가 될 줄은 꿈에도 몰랐다. 단지 자연이 참 아름답고 사람들이 참 순수하다는 느낌이 전부였다. 과연 이 나라에 어떤 일이 일어난 것일까?

위기에서 태어난
핀란드의 경쟁력

핀란드는 싱가포르, 미국과 함께 세계경제포럼에서 국가경쟁력 선두권을 다투는 나라로, 국가 청렴 지수 1위, 환경 지속 가능성 1위, 인터넷 네트워크 지수 1위, 연구 및 투자(R&D) 지수 1위 등 각종 분야에서 세계 최고의 경쟁력을 가진 나라이다. 그뿐만 아니라 북유럽 국가들을 필두로 하는 사회복지 시스템이 세계에서 가장 좋은 나라들 중 하나로 손꼽힌다. 우리나라 정치인들이 외국의 복지 정책을 벤치마킹할 때 어김없이 등장하는 나라 중 하나가 핀란드이다.

핀란드를 지금과 같이 세계적으로 유명(?)하게 만든 것은, 핸드폰 회사였던 노키아 외에도 성취도가 높은 교육제도라 할 수 있다. 핀란드는 국제학업성취도 평가인 PISA에서 2000년대 이후 지속적으로 언어 영역 및 수학 영역에서 고르게 최상위권의 성취도를 보여 주었으며, 무엇보다 높은 학업 성취율에도 불구하고 학교 간, 계층 간 편차가 낮은 평등한 교육 시스템을 가진 것으로 알려졌다.[41]

1학년부터 9학년까지의 연간 총 수업 시간이 OECD 평균보다 100시간이 적고, 학생들의 숙제도 가장 적으며, 교사의 임금(35,000유로/연)은 높지 않으나 수준은 높고, 학급 인원(19.9명)은 낮으며, GDP(국내

총생산)에서 교육이 차지하는 비중(5.8%)도 OECD 평균치 정도밖에 안 된다. 그럼에도 불구하고 핀란드가 보여 준 학업성취도는 핀란드 교육제도가 얼마나 효율적인지를 반증한다고 하겠다.[42]

유럽의 다른 나라들과는 달리 핀란드의 산업 발달 역사는 상대적으로 짧다. 일찌감치 산업혁명으로 산업화가 이루어진 영국이나 프랑스 등과 달리 핀란드는 20세기 중반까지도 농경 사회였고, 불과 반세기 만에 지식 경제 산업 중심의 복지국가로 변모했다.

핀란드는 12세기 이후부터는 스웨덴과 러시아에 식민 지배를 받았고, 오랜 기간 외세의 침략과 영향력 속에 있었던 아픈 역사를 가진 나라로, 한국과 유사한 면도 많다. 1920년 러시아에서 독립하여 핀란드 공화국을 세웠으나 유럽 대륙에 몰아닥친 전쟁의 소용돌이 속에서 신생독립국으로서 평화를 누린 시간은 잠시였고 복잡한 국제 관계와 정치적 문제 때문에 힘겨운 시간을 보내야 했다. 설상가상으로 2차 세계대전 중 독일과 러시아(구소련) 사이에서 선택을 할 수 밖에 없는 상황에서 독일 편에 섰다가 패전하여 러시아에게 막대한 전쟁 보상금을 지불해야 했다.

하지만 약소국임에도 불구하고 러시아를 상대하여 싸운 전쟁 경험은 핀란드인으로 하여금 정치 성향이나 성별, 종교, 언어와 관계없이 하나로 단결되도록 하는 중요한 요인이 되었다. 오늘날까지 "친구를 두고 떠나서는 안 된다"라는 뜻의 "카베리아 에이 예테테(Kaveria ei jätetä.)"란 말이 남아 핀란드인들의 이러한 정신을 말해 준다.[43]

이런 핀란드의 전쟁과 지배의 역사는 국민들이 공동체 의식을 가지고 결속되는 중요한 계기가 되었으며, 국가가 위험에 빠지면 국민은 공동 운명을 가질 수밖에 없으니 힘을 합쳐야 한다는 사회적 분위기를 만들었다.

핀란드 국민은 전쟁이 남긴 막대한 폐해를 강인한 공동체 정신과 협동으로 극복했다. 또한 러시아에게 전쟁 보상금을 지불하고 폐허가 된 국가를 재건하기 위해 핀란드 국민들은 산업화를 진행했다. 세계대전 직후만 해도 제대로 된 산업이 없었던 국가였던 핀란드는 특별히, 전쟁 보상금을 갚지 못하면 다시 종속된다는 두려움으로 정치적 성향에 상관없이 국민들이 똘똘 뭉쳐서 산업을 일으켰고 산업의 근본적인 변화를 추구했다. 그렇게 핀란드는 종전 30년 만에 제지와 펄프 산업은 물론 기계 제조업에서도 눈부신 성장을 거듭했다.

아이러니컬하게도 오랜 세월 핀란드의 품질 좋은 제품을 공급받은 러시아는 빚이 청산된 후에도 계속 핀란드 제품을 원했다. 덕분에 핀란드는 러시아뿐만 아니라 동구권 국가들과도 수십 년간 교역을 할 수 있어, 서유럽 국가들이 제대로 진입하지 못하는 동구권 시장에 진출하는 호재를 얻었다.

과거 세계대전의 패전국으로 서구 사회에서 냉대를 받았던 핀란드
는 이러한 노력의 결과로 유럽연합의 회원국이 되었을 뿐만 아니라 러
시아와 우호적인 관계도 쌓게 되었다. 따라서 서방세계와 동구권 모두
에게 좋은 이웃으로 대접받는 위치로 올라서게 되었다. 이 역전의 과정
을 이뤄 낸 비밀이 바로 핀란드인의 공동체 의식이었다.

타협의
문화

이런 역사적 배경 때문일까? 핀란드 문화에는 공통의 목표를 위한
결속력을 다지고 다양한 배경 및 신념의 사람들이 합의를 도출해 낼
수 있도록 하는 긴밀한 의사소통 메커니즘이 사회 시스템 곳곳에 존재
한다. 특히 인상적인 것은 "정부와 고용주, 노동자 사이의 긴밀하고 끈
끈한 의견 조율과 의사소통을 특징"으로 하는 '3자 대화 원칙'이다.[44]
이는 교육 분야에도 동일하게 적용된다. "1960년대 이후 교육정책
을 결정하고, 개혁을 실행하고, 학교와 교실에서의 변화를 지지하는 것
까지 이 노사정勞使政 3자는 모든 시민들을 위해 훌륭하고 의미 있는 교

육을 확보하기 위해 긴밀한 협력 관계"를 유지하고 있다.[45]

이와 같은 타협의 문화는 서로 다른 목적과 이익을 가진 각양각색의 단체 및 집단들끼리 사회적이고 법적인 문제를 상의할 수 있는 환경을 제공했고, 이를 통해 각 지역 혹은 이슈에 맞는 정책 및 제도를 정부, 고용주, 노조 간의 협상을 통해 만들어 내는 핀란드식 민주주의 체제를 갖게 했다.

우리나라 정치인들이 부러워하며 지속적으로 인용하는 핀란드식 복지국가는 이런 사회, 문화적 환경 및 역사 속에서 생겨났다는 것을 먼저 이야기하고 싶다. 즉 OECD에서 가장 적은 임금격차를 자랑하는 핀란드 회사의 제도나 누진세율을 적용해 저소득층은 급여에서 20퍼센트를 과세하지만 고소득층으로 갈수록 세율을 60퍼센트까지 올려 수입의 균형을 맞추는 핀란드의 국세 제도는 공동체 의식에 바탕을 둔 평등주의에 입각해 운영되고 있는 것이다.[46] 이렇듯 복지 제도의 혜택이 모든 사람에게 공평하게 돌아갈 수 있게 해서 얻은 핀란드의 '복지국가'라는 타이틀은 이러한 사회적 합의 속에서 정부, 고용주, 노조 간의 끊임없는 협상과 소통을 통해 이뤄 낸 것임을 이해해야 한다.

전 세계인들이 부러워하는 핀란드의 교육제도도 이런 요인들이 복합적으로 작용하여 만들어진 산물이다. 교육부와 국가 교육청, 학교장과 교사, 학부모 그리고 공동체가 아이들에게 최상의 교육을 제공하기

45   에르끼 아호 외 2인, 《에르끼 아호의 핀란드 교육개혁 보고서》(2009), 한울림
46   마틴 메이어, 레네 메이어, 《최고의 교육은 어떻게 만들어지는가》(2015), 북하우스

위해 상호 신뢰하고 소통해서 탄생한 것이다. 교육학자 이윤미는 책 《핀란드 교육혁명》에서 핀란드 교육에 대해 다음과 같이 평가한다.

"그들의 전략 속에는 당리당략에 의해 이기고 지는 제로섬 게임보다는 적극적인 사회 통합 전략이 눈에 띈다. 사회 통합적 전략에 기반을 두어 정당 간, 정당과 정부, 정부-기업-노조 간의 노사정 협의 체제가 구축되어 온 점은 교육을 포함한 핀란드 사회 발전의 핵심적 동력으로 보인다. 40년에 걸쳐 진행해 온 개혁이 일관성 있게 유지될 수 있었던 것은 이념, 제도, 전략이 상호 보완적으로 작동했기 때문이다."

1960년대부터 시작된 핀란드의 교육개혁

지금의 핀란드 교육제도를 만든 교육개혁은 핀란드가 산업화를 진행했던 1960년대에 시작되었다. 여타의 다른 국가들과 마찬가지로 이 시기 핀란드의 최대 과제는 경제성장이었다. 당시 핀란드의 국가 발전을 성취하기 위한 이론적 틀을 마련한 사람은 당시 저명한 정치학자인 페카 쿠시Pekka Kuusi 교수였다. 그는 핀란드가 경제성장을 이루기 위한 새로운 사회정책을 실현하기 위해서는 합리적인 공동체 계획이 필요하다고 주장했다.[47]

페카 교수는 《1960년대의 사회정책》이라는 책에서 전통적으로 생산성을 감소시키는 것으로 생각되었던 사회 지출이 오히려 소비를 늘리고, 그 결과 재화와 서비스, 사회 활동에 대한 수요를 증가시켜 경제를 성장시킬 수 있다고 주장하며 복지국가 기틀을 만들었다. 그래서 1960년대부터 가속화된 핀란드의 산업화는 오히려 "노동자들을 지지층으로 확보하고 있는 사회민주당의 지도력 하에서 진행됨으로써 경제와 복지가 동시에 성장"하는 모습을 띠게 되었다.[48]

교육개혁도 사회정책의 새로운 바람과 함께 시작되었는데, 이 시기 전 세계적으로 영향력을 발휘했던 '인적 자본 이론Human Capital Theory'이 핀란드 교육정책에도 영향을 끼쳤다. 인적 자본 이론이란 1960년대 슐츠Schultz라는 교육학자에 의해 미국에서 처음으로 적용된 모델로 지난 수 세기 동안 교육정책과 개발 분야에 사용되었다.

인적 자본 이론은 사람의 역량도 자본으로 볼 수 있다는 것으로, 교육이나 훈련을 통해 생산력을 높일 수 있다는 이론이다. 그래서 한 사람에게 교육적 투자를 했을 때 그에 대한 이익benefit을 그 사람의 고용 생산성을 측정함으로써 계산할 수 있다는 것이다. 이 이론에 따르면 높은 교육 수준을 가진 노동자가 낮은 교육 수준을 가진 노동자보다 더 나은 고용 기회를 갖게 되고, 더 높은 생산성을 내며 따라서 평생 동안 평균적으로 더 높은 수입을 얻는다.

47   에르끼 아호 외 2인, 《에르끼 아호의 핀란드 교육개혁 보고서》(2009), 한울림
48   성열관, 〈핀란드 교육 성공, 그 사회적 조건〉, 《핀란드 교육 혁명》(2010), 살림터, 191쪽

인적 자본 이론은 교육적 효과를 경제적 비용과 이익률이라는 산술적인 방법으로 표준화하여 비교하기 쉽게 만들어 많은 국가에 빠르게 차용되었다. 핀란드에서도 이에 영향을 받아 사람에 대한 투자를 최고의 투자로 여겼다. 그래서 핀란드의 빠른 경제성장을 이를 통해 설명할 수 있다는 연구자들도 생겨났다.

1950년대까지 농경 사회였던 핀란드는 산업화의 영향으로 급속한 변화를 맞았다. 도시로 많은 인구가 이동하였고, 양질의 교육을 받은 인구에 대한 수요도 늘어 이에 대응하기 위한 급진적인 교육개혁이 필요했다. 현재 핀란드 평등주의 교육제도를 대변하는 종합학교 개혁도 1960년대 이루어졌다.

핀란드는 그 시기 유럽의 전형적인 교육 체제를 따라 인문계(문법학교, grammar school)와 실업계(공민학교, civic school)로 나뉜 이원화된 교육제도를 택하고 있었는데, 기존의 이원화된 체제를 전기 중등학교 레벨까지 하나로 통합했다. 즉 모든 학생에게 사회적 경제적 계층에 상관없이 동일한 기초 교육을 제공하는 것을 목표로 종합학교 개혁이 이루어졌다. 핀란드는 이런 교육제도가 사회적 평등의 구현은 물론 경제 발전에 더 도움이 될 거라 기대했다.

종합학교 개혁은 교사들이 개혁의 주체였다. "정부 관료들과 교사들의 협력에 기초한 위원회 활동을 통해 교사들은 개혁의 계획과 실행 단계에서부터 깊숙이 개입"하였으며, 교사 스스로 새로운 변화를 주도한다는 의지를 가질 수 있었다.[49]

1970년대에는 교원의 질을 높이기 위한 새로운 제도적 기준들이 마련되었다. 교원 교육을 대학에서 실시할 뿐만 아니라 중등교육 이상의 교원들에게는 석사 학위를 요구하는 등 강도 높은 개혁도 같이 이루어졌다.

1970년에는 기존의 초등학교 교사들과 실업계인 공민학교 교사들이 1학년부터 6학년까지의 기초 과정을 가르치고, 나머지 7학년부터 9학년까지는 인문계인 문법학교 교사들이 가르치게 되었다.

1972년에 핀란드 전 학교에서 실행된 새로운 국가 교육과정은 "두 학교 체제를 통합하면서 교육과정 내용 및 수준은 기존 문법학교의 지식 중심 교육과정을 기초하는 방향으로 정했기 때문에" 오히려 학교에서 배우는 지식과 기술의 질을 향상시키는 효과를 가져왔다.[50]

핀란드 교육개혁은 교육 행정 체제 면에서는 지역 및 학교 단위의 자율성을 강화하는 방향으로 나아갔다. 그래서 1990년대 중반 이후부터는 "국가교육청은 교과별로 매우 포괄적인 목표와 내용을 제시할 뿐 지역과 학교가 국가 공통 교육과정에 근거해서 지역 사회와 학교의 특수성을 고려한 교육과정을 구성"하도록 하고 있다.[51]

이는 1970년대 이후 특히 영미권 국가들이 국가 교육과정 강화, 표준화 시험 및 평가 결과 공시를 통한 학교 책무성 강화 정책, 학부모들의 학교 선택권 확대 등 신자유주의식 교육개혁을 단행한 것과 다른 방향의 정책이었다.

49, 50, 51 이윤미, 〈핀란드 교육 성공의 역사〉, 《핀란드 교육혁명》(2010), 살림터, 167쪽

모든 시민에게
양질의 교육을

1960년대 이후 교육개혁을 거친 현재 핀란드 교육은 어떤 모습일까? 종합학교 개혁을 필두로 한 핀란드 교육의 핵심 철학이 평등에 기반을 둔만큼, 오늘날 핀란드 교육정책의 핵심 목표는 "나이, 거주지, 경제 여건, 성별이니 모국이 종류에 상관없이 모든 시민들에게 양질의 교육을 받을 기회를 동등하게 제공하는 것"이다.[52]

이런 교육 목표에 따라 핀란드 아이들은 만 6세부터 모두 무상으로 유치원부터 9년제 종합학교까지 교육을 받게 된다. 이 과정은 학비뿐만 아니라 식사, 교재비용 및 모든 제반 비용들도 모두 무상이다.

대부분의 학생들은 자기가 살고 있는 지역의 학교에 취학한다. 간혹 학교를 선택해서 장거리로 다닐 경우도 있는데 교통비는 자비로 부담을 하며, 이때에도 학교들은 입학시험 등을 통해 마음대로 학생 선발을 할 수 없다. 이는 지역에 따라 경직된 학군을 만든다는 단점이 있지만, 아직까지는 학교 선택권으로 인해 학교 간 차이를 확대하고 좋은 학군과 그렇지 않은 학군의 구분을 넓혀서는 안 된다는 사회적 합의가 핀란드에서 우세한 까닭이다.

초등 및 전기 중등교육 단계인 9년제 종합학교에서는 사회 속에서 책임을 질 수 있는 인간으로 성장하기 위해 기초를 배우는 교육을 목표로 한다. 이에 따라 핀란드 학생들은 수학과 언어(대개는 국어와 영어, 스웨덴어 선택) 같은 핵심 과목들은 여타의 국가들과 비슷한 교육과정을 밟아 가나, 다른 과목에서는 주제별로 여러 과목을 통합한 과목 위주 및 그룹 학습 형태를 취한다.

학생들의 평가는 최고 10점부터 최저 4점까지 매겨지는데, 최저 점수를 받은 학생은 그 과목에서 재시험을 쳐야 한다. 또한 많은 과목에서 낙제 점수를 받는 학생은 학생과 학부모의 의견 수렴 후, 교사가 학생이 학년을 유급하도록 할 수 있도록 하고 있다. 하지만 핀란드에서 낙제는 학생에게 학업 성취도가 떨어진다고 낙인을 찍는 징계 처분을 뜻하지 않는다. 오히려 교사와 학교는 낙제를 하거나 교육과정을 소화하기 버거워 하는 아이들을 학교 공동체의 책임으로 인식하고, 적극적으로 지원하는 분위기이다.

학업 속도에 따라
진학하는 시스템

핀란드에서 9년제 종합학교에서 기초 교육을 받은 학생들은 인문계 고등학교나 실업계 고등학교를 선택하여 진학할 수 있는데, 54퍼센트의 학생들은 인문계 학교에, 37퍼센트는 실업계를 선택하게 된다. 특

이한 점은 2퍼센트의 학생들은 고등학교 입학을 연기하고 종합학교 10학년에 등록한다는 것이다.[53]

이는 학습 능력이 다른 학생에 비해 떨어지는 학생들에게도 자신의 관심 분야를 찾고 기초 지식을 배울 수 있는 충분한 기회를 주기 위해서이다. 이 학생들을 위해 총 1,100시간에 달하는 전용 커리큘럼이 만들어지고, 교과서도 따로 준비되는 등 막대한 지원을 한다. 여기에서 다시 한 번 핀란드 교육제도의 공동체적 성격을 볼 수 있다.

고등학교 학생들은 학교에서 개설한 코스에 따라 공부를 하지만, 자율적으로 자신의 학습 계획과 속도를 정할 수 있다. 그래서 학교교육에서 교과목마다 반드시 가르쳐야 할 주제별 항목을 나열한 교수요목에 따라 모듈화되어 있는 코스를 학생의 학습 능력과 속도에 맞춰 선택해서 한 해 동안 대여섯 학기에 걸쳐서 배우게 한다. 이를 통해 학생들은 다양한 그룹 활동 및 유연한 교육과정을 경험하게 된다.

"학생들의 지식과 기술은 각각의 학습 모듈을 완수했는지 여부에 따라 평가되고, 학생이 스스로 세운 학습 계획에 따라 모든 학습을 다 완수하면 그에 대해 자격증을 부여하는" 형태로 평가가 이루어진다.[54]

핀란드의 일반 고등학교는 다른 나라에 비해서 놀라울 정도로 시험이 적은데, 공식적으로 고등학교 학생들에게 요구하는 유일한 시험은 대학 입학 자격시험뿐이다. 이런 평가제도 및 무학년제 학교 제도의 근

53   에르끼 아호 외 2인, 《에르끼 아호의 핀란드 교육개혁 보고서》(2009), 한울림
54   후쿠타 세이지, 《핀란드 교실 혁명》(2007), 비아북, 56쪽

본적 취지는 학생들에게 책임지고 결정하게 함으로써 스스로 자기 삶

본적 취지는 학생들에게 책임지고 결정하게 함으로써 스스로 자기 삶을 계획하고 개척하는 법을 배우도록 하기 위해서이다.

실업계 학교는 2년제 혹은 3년제의 전문학교 형태인데, 7가지 교육 분야에 52가지 직업 자격증 과정이 있고, 과정 안에 113개의 다른 학습 프로그램이 있다. 졸업에 필요한 120학점 중 90점은 학업 코스로, 20점은 직업 현장에서의 실습으로, 나머지 10점은 자율적인 학습을 통해 얻을 수 있다. 이렇게 필수 코스를 완수하면 직업 자격증을 준다.

어떤 학생은 일반계 고등학교를 다니다가 실업계 학교로 오는 경우도 있고, 여러 직업 자격을 따기 위해 여러 번 직업학교에 입학하는 학생들도 있다. 뿐만 아니라 실업계 학교를 졸업한 학생도 원하면 다시 일정한 절차를 걸쳐서 일반계 대학에 진학할 수 있도록 해서 일반계와 실업계 학교를 유연하게 구분하려고 노력한다.

대학 입학 자격시험은 매해 봄과 가을에 두 번 실시한다. 시험은 모국어, 외국어, 수학, 사회과학 및 자연과학을 포함하는 일반 과목 네 개의 영역에서 네 가지 과목을 선택해서 응시할 수 있다. 시험 기간이 고등학교 3학년에 딱 한 번 주어지는 한국 학생들과는 달리 핀란드 학생들은 한 번에 필요한 과목의 시험을 다 치를 수도 있고, 3번으로 나누어 지정된 네 과목을 따로 시험을 치를 수도 있다.

대학 입학 자격시험도 한국의 수능 혹은 미국의 SAT처럼 객관식 문제가 다수를 차지하는 형태가 아니라 영국의 A-level 시험처럼 모두 서술식이다. 따라서 암기 능력을 테스트하는 것이 아닌 배운 지식을 어떻게 응용할 것인지에 대한 능력을 평가한다.

183

또한 핀란드 학생들은 대학으로 곧바로 진학하기보다는 2~3년 정도 사회 경험을 쌓거나 여행을 다니면서 자신의 진로를 생각해 볼 시간을 가진 후 대학에 진학한다.

핀란드의 대학은 전통적인 일반계 대학과 여타의 국가에서는 폴리테크닉으로 불리는 종합 기술전문학교 두 종류로 나누어진다. 대학 입학은 대학 입학 자격시험의 성적과 대학별로 실시되는 입학시험의 성적으로 결정된다. 미국이나 영국의 대학과는 달리 대학 지원을 위해 자기소개서를 쓸 필요도 없다. 또한 과외활동도 입학 사정에 포함되지 않는다.

일반계 대학에서 학사 학위는 3~4년 정도가 걸리며, 많은 전공에서 학사 과정과 석사 과정이 결합되어 있는 형태이다. 종합 기술전문학교의 졸업을 위해서는 3.5~4.5년이 걸리는데, 석사 학위를 받기 위해서는 중간에 3년간의 직업 경험을 해야 한다.

종합 기술전문학교의 학사 학위는 일반계 대학의 학사 학위에 비해서 하급 단계로 취급되는 반면에, 석사 학위는 일반계 대학의 석사 학위와 동급 취급을 받는다. 하지만 박사 과정은 일반계 대학에서만 제공한다.

핀란드 교육의 특징, 프로젝트 수업

  핀란드 교육의 가장 큰 특징은 그룹 학습 형태의 프로젝트 수업에 있다. 일본의 교육 평론가 마스다 유리아의 《핀란드 교사는 무엇이 다른가》라는 책에서 프로젝트 수업이 어떻게 진행되는지 자세히 서술하고 있는데, 책에 소개된 수업 중 하나는 '꿈의 계획 프로젝트'이다.

  이 프로젝트는 헬싱키 시에서 실시한 수업으로 각 학교에 1년에 예산 2,500유로를 지급하고, 학생들이 이것을 어떻게 사용할지 기획을 하고 결정을 한다. 아이들은 익숙하게 그룹 토론을 하며 각 그룹별로 3가지의 아이디어를 내고, 본인이 가장 선호하는 아이디어에 투표를 한 후 그 결과에 따라 4가지 아이디어로 압축한다.

  다음은 이를 어떻게 실현할 수 있는지, 구체적으로 어느 정도 비용이 드는지를 검토하는 단계이다. 아이들은 각 그룹으로 나뉘어 학교 이곳저곳을 돌아보며 사용 가능한 학교 비품을 체크하기도 하고, 교실에 있는 컴퓨터로 검색도 하며 필요한 작업을 시작한다.

  작업은 그룹별로 진행되었는데 어느새 관련된 내용을 홍보하기 위해 포스터를 만들고 있는 아이들 주변에 모여서 인터넷에서 찾은 정보, 직접 그린 그림과 사진 등을 포스터에 반영한다. 그리고 가장 눈에 띄는 장소라 생각되는 식당으로 가는 복도의 벽에 포스터를 붙인다.

  이 프로젝트에 대해 토론하고 구체적인 내용을 정하며 홍보를 위해 포스터를 만들어 붙이는 것만으로 학생들의 하루 일과가 끝났다. 학생들은 저마다 적극적으로 프로젝트에 참여했고, 관심이 없는 태도를 보이는 학생은 한 명도 없었다. 이런 수업은 각기 다른 재능을 가지고 있고, 다른 가정환경에서 자란 아이들이 한 가지 일을 생각하며 실현하도록 힘을 모으는 훈련으로, 이 아이들은 자라서 현실 사회에 나가서도 배운 대로 살게 될 것이다.

> "두뇌만을 키우는 것이 아닙니다. 좋은 어른이 될 수 있도록 마음의 무게를 중시합니다. 나는 뛰어나도 남은 열등하다고 말하는 사회를 만들고 싶으냐고 묻는다면, 대부분의 핀란드 사람은 아니라고 답할 겁니다."[55]

핀란드 선생님의 이 말처럼 핀란드 교육자들은 통계나 수치로 나오는 성과만을 추구하거나 그 수치를 절대적으로 신뢰하려는 것을 지양한다. 왜냐하면 학생들의 지식의 양은 시험으로 측정할 수 있겠지만, 스스로 생각하는 힘이나 공동체 의식 혹은 인격적 성장 같은 것들은 확정할 수 없고 오히려 시험이 아닌 활동을 통해 충분한 시간과 기회를 주었을 때만이 발현되는 것이기 때문이다.

공동체에 대한 강조 때문인지 핀란드의 문화를 일컬어 미국과 영국과 같은 개인주의 사회보다는 오히려 일본이나 우리나라 같은 아시아 국가들과 비슷하다고 주장하는 사람들도 있다. 물론 일본 제국주의나

55   마스다 유리야,《핀란드 교사는 무엇이 다른가》(2010), 시대의 창, 189~190쪽

동아시아 유교 문화와 비교하는 것은 무리가 있겠지만 지나친 개인주의나 화려함을 자제하고 공동체 안에서 개인 간의 조화 및 겸손의 미덕, 성실성을 강조하는 면은 비슷하다. 이런 면이 교육제도에도 반영되어 평등주의 교육이 현장에서 실천될 수 있는 것은 아닐까 하는 생각이다.

하지만 여느 사회나 문화에도 장단점이 있듯이 이런 핀란드의 평등주의 교육제도 및 철학에도 어두운 면은 있게 마련이다. 옥스퍼드에서 같은 칼리지에서 공부했던 사회학 전공의 핀란드인 대학원생은 핀란드의 이런 제도가 학생들의 학력 수준에 어느 정도의 하향 평준화를 용인하고, 비슷한 문화적 배경과 사고를 가진 사람들을 재생산한다고 비판했다. 그러면서 핀란드에서는 스티브 잡스와 같은 미국의 기업가나 비틀즈 같은 영국의 아티스트들처럼 세계경제나 문화를 선도하면서 새로운 문화를 창조해 내는 인재들이 나오기 힘들 것이라고 한숨을 쉬었다.

실제로 핀란드에서도 휴대폰 시장의 세계 1위 기업이었던 노키아의 몰락이 불러온 위기감으로 새로운 지식 경제에 맞는 창의적인 인재를 키워야 한다는 목소리가 높아지고 있다. 그럼에도 불구하고 공동체를 중시하는 교육철학은 변하지 않는 가치로 유지되고 있으며 개인주의를 기반으로 한 신자유주의 사회 문화 시스템의 선봉에 서 있는 영국이나 미국의 교육 시스템과 비교하여 여전히 철학적인 정신이나 문화 면에서 대척점에 있는 중요한 교육 모델로 남아 있다.

아이들을
기다려 주는 교육

핀란드 교육제도를 살펴보면서 느낀 점은 정책 차원에서 학생들에게 지속적으로 기회를 주려고 노력한다는 것이다. 핀란드는 학습 능력이 더딘 학생들에게는 자신의 페이스에 맞춰서 상대적으로 천천히 진학할 수 있는 기회를 제공하고, 자신이 인문계에 적합한지 실업계에 적합한지 탐색해 볼 수 있는 시간을 주며, 한 번 선택한 후에도 다시 바꿀 수 있도록 하는 등 학생의 수준과 단계에 맞추어 최고의 선택을 할 수 있도록 돕는 정책을 펴고 있다.

이런 교육제도를 통해 핀란드 학생들은 암묵적으로 "천천히 배워도 괜찮아. 그리고 실패하면 어때. (It's okay to learn slow, and to fail sometimes.)" 라는 메시지를 받는다. 그리고 이런 제도적 환경과 사회적 분위기 속에서 학생들이 자기 자신에 대해 충분히 성찰할 수 있는 기회와 남과 다른 나만의 특성을 인정할 수 있는 여유를 갖게 된다.

물론 그렇다고 해서 핀란드 교육제도가 학생들을 평가하는 엄격한 기준과 시험이 없다든지, 전적으로 학생의 자율을 존중해 준다는 뜻은 아니다. 또한 한국만큼 심하지는 않더라도 수도인 헬싱키 시내 안에는 좋은 학교들이 모여 있는 학군이 존재한다.

한국처럼 역사가 오래 되거나 좋은 학군에 있는 학교를 다니면 인맥을 쌓기에 유리하다고 생각해 비즈니스나 커리어를 위해 이런 학교들을 선택해 다니는 학생들도 증가하는 추세이다. 헬싱키 근교나 주변 도

시에 사는 학생들 중에는 유명한 음악 학교나 디자인 스쿨처럼 자기
적성을 조기 발굴해 줄 수 있는 학교에 다니기 위해 장거리 통학을 하
는 경우도 있다.

핀란드 학교도 영국이나 미국의 학교 못지않게 학생들을 평가하고,
좋은 학군과 특정 분야의 좋은 학교도 분명 존재한다. 하지만 한국, 미
국, 영국과의 차이점은 평가를 공개하지 않고 내부 정보용으로만 사용
하고, 학군과 학교 차이를 제도적으로 '장려하지 않는다'는 것이다. 이
러한 차이는 비단 교육적 환경 때문만은 아니다. 그것은 겸손을 미덕으
로 삼고 공동체성을 중요하게 생각하는 문화적인 이유가 더 크다고 할
수 있겠다.

핀란드에서
무상 급식이 갖는 의미

핀란드의 확고한 공동체 의식을 바탕으로 한 평등주의 교육은 종합
학교에서 양질의 교육을 무상으로 제공하는 것에서만 그치지 않는다.
학교는 학생들을 건강한 시민으로 성장시키는 데 필요한 심리 상담, 보
건, 영양, 특수교육을 망라하는 '토털 복지 기관 total welfare institution'으로
자리 잡고 있다.

핀란드는 1948년 제2차 세계대전 패전국이라는 멍에를 지고 전쟁

배상금을 갚아 나가던 어려운 시절에 무상 급식을 세계 최초로 실시해서 세계에서 가장 오래된 무상 급식 역사를 가지고 있다. 그래서인지 핀란드인들은 학교급식을 단순히 한 끼 식사로 치부하지 않고, '아이들에게 양질의 따뜻한 음식을 제공한다'는 목표를 가지고 가정에서의 식사 못지않은 재료와 정성을 들여 학교에서 음식을 만든다.

2011년에는 헬싱키에 사는 2명의 주부들이 학교급식에서 화학조미료를 없애자는 캠페인을 벌이면서 전 국민적으로 학교급식에 대한 관심이 더 늘어났다. 이런 분위기에 맞춰 핀란드 한 학교 앞 쇼핑센터의 상인들은 학생들이 점심시간에 학교급식을 먹지 않고 상가에 와서 군것질을 하지 못하게 이 시간에 학생들의 쇼핑센터 입장을 자진해서 통제하기로 했다는 뉴스도 들렸다.

"당장 눈앞의 이익보다 아이들의 건강이라는 공익에 더 큰 가치를 두었기에" 상인들이 자신들의 수익을 줄이면서까지 이런 결정을 내릴 수 있다고 본다.[56] 이 사례는 또한 핀란드인의 공동체 의식을 다시 한번 보여 준다. "아이를 키우는 데 온 마을 사람들의 관심과 사랑이 필요하다."는 핀란드의 유명한 격언이 체화體化된 사건이라 할 수 있다.

핀란드에서 친환경 무상 급식 캠페인으로 떠들썩했던 2011년 한국에서도 서울 시장의 무상 급식 주민 투표로 온 나라가 시끄러웠었다. 당시 서울 시장은 소외 계층에게만 무상 급식을 제공하고 남는 재원은

학교 환경을 개선하는 데 쓰자는 주장을 폈고, 야당은 이런 선별적 무상 급식은 오히려 가난한 아이들을 차별하는 것이라며 전면 무상 급식을 주장했다. 이때 야당에서 외국의 사례로 든 것이 바로 핀란드의 무상 급식이었다. 이 뜨거운 논쟁을 지켜보면서 두 당이 문제의 핵심을 보지 못하고 서로에게 공격만 하는 것 같아 많이 아쉬웠다.

핀란드에서 무상 급식을 하는 것은 단순히 학생들에게 '밥을 준다, 안 준다'의 개념이 아니라, 학생이 건강한 인격으로 성장하는 데 필요한 모든 교육적, 심리적, 보건적, 영양학적 자원을 학교에서 제공해 준다는 합의가 핀란드 사회 전반적으로 받아들여져 이루어진 것이다. 토털 복지 기관으로서 학교의 정체성이 확실했고, 양질의 학교급식은 이 복지의 일환으로 제공되는 것이다.

따라서 우리 사회에서 학교가 차지하는 위치와 하는 역할이 무엇인지에 대한 공동체적 합의나 토론 없이 단순히 무상 급식을 선별적으로 할 것인가, 전체적으로 할 것인가에 대해서만 논의하는 것은 국민들을 감정적으로 선동할 뿐 교육 문제의 근본적인 해결책은 되지 못한다. 핀란드의 교육제도를 공부하면서 절실히 든 생각은 교육 문제의 근본적인 해결을 위해서는 지엽적인 문제에 집착할 것이 아니라 전체적인 맥락을 보아야 한다는 것이다.

요즘 공교육이 무너진다는 걱정과 함께 학교에서 제공되는 무상 급식에 대한 회의론이 다시 일어나고 있다. 또한 공교육에서 제공하는 무상 급식의 질이 학생과 학부모의 기대를 맞추기에 턱없이 부족해서 불만이 터져 나오고 있다. 결국 무상 급식 그 자체가 중요한 것이 아니라

'학교가 학생의 복지에서 어떠한 위치를 점할 것인가?'를 먼저 고민하고, 이 전체적인 틀 안에서 '학교급식의 역할은 무엇인가?'에 대한 이해와 논의가 이루어져야 한다. 교육철학에 대한 사전 합의 없이 밀어붙인 제도는 결국 부작용을 양산할 뿐 아니라 원래의 의도에 반하는 결과를 가져올 수밖에 없다.

핀란드 교사는
학생

핀란드 교육에 대해 연구하기 위해 나의 오랜 멘토이자 전 주핀란드 한국 대사의 아내이신 분을 인터뷰했다. 핀란드 교육을 배우러 한국에서 오는 많은 정치가와 행정가들을 돕기 위해 핀란드의 여러 학교 현장을 시찰하고 핀란드 교육 전문가들을 만난 분이다.

이분이 핀란드 교육의 가장 핵심적인 부분으로 뽑은 것은 바로 '교사의 역량'이었다. 실제로 핀란드에서 교사가 되기 위해서는 석사 과정 이상을 수료해야 하고, 교사가 된 후에도 많은 사람들이 교육학 석·박사 과정 공부를 하는 등 핀란드 교사들의 자기 개발 역량은 세계 최고 수준이다.

또한 교육대학교 입학률이 10퍼센트를 상회하는 등 핀란드에서 교직은 매력적인 직업으로, 능력이 뛰어나고 의욕이 앞선 우수한 인재들이 교사를 직업으로 선택한다. 20여 년이 넘게 핀란드 교육부청장을 맡아 왔던 에르끼 아호는 핀란드에서 교사의 사회적 위치에 대해 다음 과 같이 말한다.

> "핀란드 사회에서 교직은 언제나 대중의 존경과 인정을 한 몸에 받아 왔
> 습니다. 전통적으로 부모들은 교사를 자신의 아이들에게 무엇이 최선인
> 지 잘 아는 전문가로서 신뢰해 왔습니다. 그래서 교사들은 교실에 알맞은
> 교수법을 선택하는 측면에서 상당한 자율성을 가지고 있습니다."[57]

핀란드의 교사들은 미국과 영국 등 다른 선진국에서보다 높은 인기 를 누리고 있는데, 단순히 보수가 높다는 등 금전적인 이유에서만은 아 니다. (실제로 핀란드 교사의 연봉은 OECD 평균을 밑돈다.) 핀란드에서 교 사가 높은 사회적 지위를 갖고 있고, 무엇보다도 교사가 '전문직 professional'로 평가되며 직업적 독립성을 누리고 있기 때문이다.

현장 교사들의 전문적 자율성을 최대한 보장해 주는 핀란드 사회에 서 교사들은 '교육 전문가'로 대우받는다. 또한 재직 중 의무적인 연수 는 대부분 폐지되었고, 학교나 지방자치단체에서 마련한 전문성 개발 프로그램 과정이 이를 대신하고 있다.

정부 차원에서 자신들이 맡은 학생 개개인의 적성과 능력에 맞게 수

업을 제공할 수 있도록 교사의 전문성을 높이기 위한 역량 개발을 지원할 뿐 아니라, 학급 정원을 줄이고 필요한 경우 보조 교사를 배치하는 등 학교 환경을 개선하는 데도 앞장서고 있다. 게다가 교사들은 지속적인 자기 개발을 위한 자율적인 연수 시간을 충분히 가질 수 있다. 학교 행정으로 바쁜 한국의 교사와는 달리 핀란드의 교사들은 수업이 끝나면 바로 집으로 돌아가고, 두 달 반의 여름방학에는 학교에 출근하지 않는다.

이런 시간적 여유 덕분에 핀란드의 교사들은 자신과 학생들에 맞춘 교육 방법, 교재 등을 충분히 준비하고 꼭 필요한 세미나에 참여할 수 있다. 책을 위해 인터뷰를 진행했던 한 핀란드 교수는 교사였던 자신의 어머니를 이렇게 묘사했다.

"엄마는 독일어와 영어 교사였어요. 저녁을 챙겨 주시고 밤늦게까지 서재의 책상에 앉아서 분주하게 수업 준비를 하시던 어머니의 모습이 아직까지 선해요. 지금 생각해 보니 엄마는 우리 못지않게 열심히 공부를 했던 것 같아요. 그리고 자기 직업에 대한 자부심과 열정이 엄청났어요. 학교에서 자기 수업에 필요한 장비를 못 사 주겠다고 해서 스스로 사셨는데, 그것 때문에 아빠랑 조그마한 부부 싸움을 하셨던 기억도 나요. 왜 미리 상의하고 지출하지 않았냐고 아빠가 따지셨다가 '당신도 연구에 필요한 책들 내 허락 받지 않고 사지 않느냐!' 하면서 오히려 반격을 당하셨죠. 하하하. 신기하게도 엄마는 교육부라든지 정부보다는 우리가 살았던 지방자치단체장 욕을 더 많이 했어요. 아마도 이건 핀란드 교육행정 제도와 관련이 있을 거예요."

"핀란드의 교육행정 제도는 어떠한가요?"

"핀란드에서 학교 행정을 주도하는 것은 중앙정부가 아니라 지방자치단체예요. 학교 수업 시간이 190일 이상이고, 일주일에 5일 이상 수업을 해야 한다는 아주 단순한 가이드라인이 주어지긴 하지만, 국가 교육청은 수업 계획을 지시하지도, 표준화된 시험을 요구하지도 못해요. 물론 중앙정부에서 승인한 교수 계획, 학습 목표, 평가 기준과 같은 국가 핵심 교육과정이 가이드라인에 포함되어 있긴 하지만, 개별 학교와 지방자치단체들은 이것을 절대적으로 따를 의무는 없어요. 오히려 지역의 관심사라든지 특성을 반영하여 독창적으로 교육과정을 꾸리는 것을 선호하죠. 그래서 지방자치단체와 학교는 어느 학년에서 어떤 교재로 몇 시간 동안 공부할 것인가만 정하고, 어떻게 가르칠 것인지는 철저하게 교사의 몫이에요."

"그러니깐 어머님께서는 자신에게 직접적으로 영향을 주는 지방자치단체를 오히려 욕하셨다는 거죠? 자신의 수업에 구체적으로 관여하는 건 중앙정부가 아니라 지방자치단체니까요?"

"네, 특별히 안 좋아하는 단체장이 있었는데, 그때는 동생과 나를 붙잡아 놓고 요목조목 그 사람의 원칙이 왜 틀렸는지 설명해 주셨던 기억이 나요. 어쩌면 내가 교수가 된 것도 이런 어머니의 영향이었을지도 몰라요. 자신이 틀렸다고 생각하는 것에 대해서 논리적으로 상대방을 설득하는 법을 어머니의 분노를 통해서 배웠거든요, 하하하!"

"교수님의 어머님과 같이 대부분의 핀란드 교사들의 열정이 대단한가요?"

"글쎄요. 나는 핀란드인이라서 핀란드 교육에 대해서 주관적일 수밖에 없겠죠? 그래서 김선 박사가 원하는 객관적이고 대답을 주기는 어렵겠지만, 우리 엄마의 경우나 교사가 된 친구들의 경우를 봐도 하나는 확실한 것 같아요."

"그게 무엇인가요?"

"핀란드 교사들은 아이들을 가르치는 것이 일종의 연구라고 생각하는 것 같아요. 단순히 학문적이고 지식적인 면만이 아니라 인생의 다방면을 아우를 수 있는… 그리고 전인격적인 그런 연구랄까?"

"어려워요. 좀 더 쉽게 설명해 주실 수 있으세요?"

"핀란드에서 대부분의 교사들은 여성이에요. 김선 박사도 잘 알겠지만 일하는 여성의 삶이 얼마나 복잡하고 힘든가요? 워킹맘은 아내이자, 어머니이자, 직장인으로서 완벽히 살 것을 요구받지요. 많은 핀란드 교사들은 아이를 출산한 후 양육에 집중하기 위해 휴직을 하는 경우가 많아요. 정부에서도 영유아 때는 아이를 가정에서 맡는 것이 좋다는 방침 때문에 핀란드 학생들이 학교를 들어가는 시기는 OECD 국가들 중에 가장 늦은 편이예요."

"아, 저도 아이가 돌이 갓 지난 후부터 일을 시작했는데, 사실 이렇게 어린 아이를 어린이집에 맡겨 놓고 학교에 출근할 때 너무 마음이 무겁거든요. 하지만 사회적 압박이 너무 커서 어쩔 수 없이 이런 선택을 하는 것 같아요."

"핀란드에서는 이런 여성에 대한 사회적 분위기뿐만 아니라 고용 유연성이 크기 때문에 교사들의 많은 수가 충분한 양육 기간을 갖기 위해 휴직 기간을 3년 이상 갖는 편이에요. 한국에서는 교사가 공무원이라 정부에서 수급을 하는 형식이라 들었는데, 핀란드에서 교사가 되기 위해서는 교원 자격증을 딴 후 자신이 학교에 직접 지원하는 방식이거든요. 그래서 휴직 후에도 학교가 원하는 자격과 맞는다면 충분히 재취업이 가능한 시스템인거죠.

제 친한 친구도 생물을 가르치는 교사였는데 아이를 출산한 후 휴직 기간을 가지면서 동물원에서 파트타임으로 일을 했어요. 동물원에 오는 아이들을 관찰할 기회를 갖게 되면서, 아이들은 실제로 동물을 만져 보거나 동물의 신기한 소리를 듣거나 몸짓을 보거나 할 때 활기가 넘친다는 것을 알게 되었죠. 아이들의 마음속에 오랫동안 남는 것은 이렇게 실제로 보고 듣고 만지고 경험한 감각적 체험이 수반되어야지 효과적인 교육이 된다는 것을 깨달은 거예요.

이 경험을 통해 친구는 6년 동안 다녔던 학교에서의 교직 생활을 돌아보았대요. 내가 너무 지식 전달 위주의 권위주의적인 수업 방식을 고수했구나 하고요. 다시 학교로 돌아갔을 때 친구의 수업 방식이 어떻게 바뀌었을까요?"

"왠지 실험도 더 많이 하고, 교외 학습도 많이 가고, 과외활동도 더 많이 하셨을 것 같은데요?"

"네! 교사가 천직이라고 생각해서 교직을 이수하고 선생님이 되었지만, 내 친구를 더 나은 교사로 만든 것은 바로 그 쉼의 시간을 통해서였어요. 하지만 그 시간적 여유뿐만 아니라, 이를 가능하게 만든 것은 '가르치는 것'에 대한 새로운 관점일 거예요. 새로운 경험을 통해서 종전의 교수법을 평가하고 스스로를 더 나은 교사로 만든 것은, 아마도 친구가 학생을 가르치는 것을 지식 전달을 넘어선 '전인격적 만남'이라는 것을 깨달은 덕분이죠. 그래서 교사는 책뿐만 아니라 인생의 모든 경험을 통해 배우고 성장해야 한다고 생각해요. 그래야 학생과의 인격적인 만남이 더욱 풍성해질 테니까요."

대화를 나누면서 잔잔한 감동이 나에게 몰려왔다. 그러면서 교육학을 전공하고 박사 과정까지 하면서 전문 연구를 하게 된 나의 개인적인 동기를 다시 한 번 체크해 보게 되었다. 그뿐만 아니라 언론에서, 정부에서, 학계에서 끊임없이 제기하고 있는 제도적이고 정책적인 거시 담론이 과연 교육에 대한 본질을 다루고 있는지에 대해서, 또한 공론화되는 뉴스 및 연구의 이면에 담겨진 숨겨진 가정들을 살펴보게 되었다.

세계화와 무한 경쟁이라는 거대한 캐치프레이즈가 주는 압박 때문에 우리는 국가와 사회, 지역에 그리고 나아가 개별 가정과 아이에게까지 기성세대도 경험하지 못한 부담과 능력을 요구하고 있는 것은 아닐까? 이런 면에서 핀란드 교육제도 및 문화가 우리에게 주는 교훈은 단순하지만 깊은 것 같다.

과연 우리는 개별 가정의 자녀 교육에서, 학계의 교육학적 연구에서, 학교에서 그리고 정권이 바뀔 때마다 쏟아지는 정책 속에서, '가르치는

것은 전인격적인 만남'이라는 최고의 가치를 추구하고 있는지 진지하

게 고민해 볼 시기이다.

6

미래 교육

포스트 코로나 시대,

교육의

방향은?

"없애든지 아니면 다시 시작하든지
Shut down or Restart."
- 영국왕립학회 소프트웨어 교육 보고서

○ **포스트 코로나 시대,
    교육의 방향은?**

인공 지능을 위시한 첨단 기술의 발전이 과거의 관습이나 제도, 방식
을 뒤흔들고, 질적으로 새로운 사회 구조 및 시스템을 급격하게 변화
시 키고 있다는 사실은 그 누구도 반박하지 못할 것이다. 코로나19
사태는 이런 사회 변화를 더 가속화하고 있다. 이에 따라 급변하는
사회의 속도에 발맞추어 교육 제도로 서둘러 변화를 모색해야 한다.
세계경제포럼의 '일자리의 미래' 보고서에 따르면 미래의 직업 중
60퍼센트는 아직 개발되지 않았으며, 유치원에 다니는 학생 중 40퍼
센트는 소득을 얻기 위해 자영업에 종사해야 한다는 전망이 나왔다.
따라서 우리는 학생들로 하여금 아직 존재하지 않은 직업들을 위해
준비시켜야 하며 또한 기업가 정신을 가르쳐야 한다. 하지만 과연 현
재 우리나라의 교육 제도로 없는 직업을 만들어 내고 해답 없는 답
을 찾아내는 능력을 키울 수 있는지 의문을 던질 수밖에 없다.

코로나로 인한
학습 손실 및 청년 실업률

코로나19로 인해 현재 186개 나라에서 12억 명의 학령기 아이들이
학교에 등교하지 못하고, 디지털 플랫폼을 활용한 비대면 교육이 급속
도로 확대되고 있다. 학생들의 학습 손실learning loss의 영향은 단기적으
로는 물론 장기적으로도 상당할 것이고, 이는 학습 대상의 연령이 낮을
수록 더 큰 영향을 받을 것으로 예상된다.

OECD에서 국가들의 학업 성취도를 측정하는 PISA는 코로나19로
인한 개발도상국들의 학습 손실에 따른 결과를 시뮬레이션 하였다. 이
결과에 따르면 현재 초등학교 3학년 학생들이 3개월 동안 학교에 등교
하지 못해 생긴 3분의 1정도의 학습 부재는 그 학생들이 10학년(한국으
로 따지면 고등학교 1학년)이 되었을 때 학생의 72퍼센트가 학교 수업을
따라가지 못하거나 학업을 중단하는 결과를 낳을 위험이 있다고 한

다.[58] 또한 프랑스, 독일, 이태리, 영국, 미국과 같은 서양 선진국에서도 60퍼센트 정도의 부모들이 학교와 돌봄 기관의 폐쇄로 인해 양육 및 가사 부담이 커지고 있는 실정이다.[59]

이에 따라 세계은행은 학습 손실learning loss에 대한 세 가지 시나리오를 그리고 있다:

1. 모든 학생들의 전반적인 학습 수준 저하

2. 코로나 위기로 인한 매우 불평등한 영향으로 인한 학습 성취도의 불균형 및 격차 증가

3. 중퇴자들의 심각한 증가Massive dropout로 인한 낮은 학습 성취를 가진 학생들의 증가[60]

즉 학교 폐쇄로 인해 전 세계의 25퍼센트 이상의 학생들이 사회에

58   Michelle Kaffenberger, "Modeling the long-run learning impact of the COVID-19 learning shock: Actions to (more than) mitigate loss", RISE Insight Series, 2020/017, 4 June 2020, available at https://doi.org/10.35489/BSG-RISE-RI_2020/017

59   Matt Krents and others, "Easing the COVID-19 burden on working parents", BCG, 21 May 2020, available at https://www.bcg.com/ publications/2020/helping-working-parents-ease-the-burden-of-covid-19

60   World Bank, "We should avoid flattening the curve in education Possible scenarios for learning loss during the school lockdowns", 13 April 2020, available at https://blogs.worldbank.org/education/ we-should-avoid-flattening-curve-education-possible-scenarios-learning-loss-during-school

정상적으로 참여하기 위한 기본적인 학습 달성 수준proficiency level에 못 미칠 것으로 예상된다.[61]

학습 손실뿐만 아니라 코로나로 인해 사회 경제적 차이에 따른 디지털 격차digital gap도 심화되고 있다. 캐나다 연구진에 따르면 코로나로 인해 사회 경제적 기술 격차가 30퍼센트 이상 벌어질 것으로 전망하고 있으며,[62] 이는 원격 수업, 재택근무, 원격 의료, 배달 서비스 등으로 대변되는 디지털 경제의 부상과 함께 더 심화될 것으로 보인다. 결국 코로나 위기는 많은 미래 학자들이 예견했던 '일자리의 미래future of work'를 더 앞당기는 결과를 가져 왔고, 이는 빈부 격차 심화와 인공 지능과 같은 기술 발전에 따른 직업군의 거대한 변화를 가속시켰다. 이에 새로 생겨나는 직업으로의 이행을 위한 교육 및 훈련이 더 중요해졌다.

한편 코로나는 청년들의 실업률에도 큰 영향을 끼칠 것으로 보인다. 아시아개발은행과 국제노동기구International Labor Organization에서 최근에 발표한 연구 보고서에 따르면 한국에서 코로나 위기에 따른 15~24세 사이의 젊은 청년들의 실업률이 25세 이상 성인들의 실업률에 비해 훨씬 더 큰 것으로 나왔다. 25세 이상의 성인은 코로나로 인해 근무 시간

61   World Bank, "Simulating the Potential Impacts of the COVID-19 School Closures on Schooling and Learning Outcomes: A set of Global Estimates", 18 June 2020, available at https://www.worldbank.org/en/topic/education/publication/simulating-potential-impacts-of-covid-19-school-closures-learning-outcomes-a-set-of-global-estimates

62   UN (August 2020) Policy Brief: Education during COVID-19 and beyond

이 줄어든 반면에 15~24세 청년들은 직장에서 사직을 권고 받았다. 직장에서 근속 년수가 늘어날수록 직장이 개인에게 투자한 금액이 확대되고, 개인은 직장에서 할 수 있는 일과 관련된 역량이 증대된다. 그런데 이들이 사직하게 되면 회사에는 투자한 금액에 대한 수익이 돌아오지 않기 때문에 결국 회사의 입장에서는 근속 년수가 적은 이들에게 사직을 권고할 수밖에 없다. 또한 많은 수의 청년들이 신분이 불안정한 계약직이나 프리랜서에 종사하고 있기 때문이기도 하다.

코로나에 대한
각국의 교육적 대응

코로나가 대대적으로 확산된 2020년 3월을 기점으로 전 세계의 국가들은 학교 폐쇄 및 비대면 교육 강화를 기조로 각각 다른 속도와 모습으로 코로나에 대응하고 있다.

미국의 경우 4월에 모든 초등, 중등, 고등학교가 대면 교육을 중지했으며, 5월 초에는 모든 학교가 폐쇄되었고, 대부분 비대면 교육으로 전환하였다. 아이비리그 대학을 비롯하여 많은 공립, 사립 대학교들은 기숙사를 폐쇄하고 비대면 수업으로 전환하였으며 성적은 pass/fail로 평가한다. 비대면 수업에서는 Zoom을 비롯한 다양한 개인 화상 회의 툴이 사용되고 있으며, 비대면 수업에 이러한 툴을 사용하는 효과적인 방법에 대한 토론이 여러 웹 사이트 플랫폼을 통해 활발히 이루어지고 있다. 학생 및 학부모의 재정 부담 경감을 위한 노력도 기울이고 있는데, 특히 3월에는 트럼프 대통령이 CARES 법Act을 발표하여 대학 학비 대출에 관련해서 상환을 연기해 주었으며 9월까지 이자가 붙지 않는 혜택을 주었다.

집단 면역으로 대응하기로 한 스웨덴의 경우 초, 중학교는 계속 운영하고 있으나 고등학교, 직업학교, 대학교는 폐쇄하고 비대면 수업으로 전환하였다. 핀란드에서는 사회가 작동하는 데 중요한 분야에 종사하는 학부모의 경우 유치원생부터 3학년까지의 자녀들은 학교를 계속 다니고 있다. 또한 장애인과 같은 특수한 학생들도 유치원부터 고등학교까지 학교에 다니고 있다. 유치원이나 어린이집도 부모가 맞벌이거나 아이를 돌볼 수 없는 경우 돌봄을 제공하는 등 교육적 격차 및 코로나 상황으로 인해 가정의 피해를 줄이기 위해 노력하고 있다.

그뿐만 아니라 코로나로 인해 늘어난 가정에서의 교육 및 보육을 위해 사회적인 노력도 기울이는데, 그중 대표적인 것이 비대면 교육 자료를 무료로 제공하는 것이다. 뉴질랜드의 몇몇 출판사들은 도서관이나 수업에 제공하는 가상 공공 독서 자료virtual public reading를 일반에게도 공개하기로 하였다. 호주에서 이러한 노력이 가장 활발한 편인데, 호주 출판사 협회the Australian Publishers Association, 호주 도서관 정보 연합Australian Library and Information Association과 호주 작가 협회the Australian Society of Authors가 협력하여 도서관에서 교육 자료를 무료로 제공하는 데 동의하였다. 한 호주의 기관에서는 호주 전역의 모든 학교에서 자신들이 보유하고 있는 악보를 무료로 사용할 수 있는 권리를 제공하였고, 네덜란드의 한 기관에서는 교사들이 저작권이 종료된 음악과 비디오를 모아 사용할 수 있는 웹 사이트를 만들기도 하였다. 우리나라에서도 잘 알려져 있는 옥스퍼드 대학교 출판사Oxford University Press에서는 유치원 및 학령기 학생들이 쓰는 영어 그림책 등을 9월 말까지 온라인으로 무료로 볼 수 있게 해 주고 있다. (참고: www.oxfordowl.co.uk; global.oup.com)

코로나 사태로 인해 사회적 거리 두기가 확산이 되면서 우리나라에서는 대표적인 총괄 평가인 대학수학능력시험을 연기했는데, 이는 미국이나 영국 같은 서방 선진국의 경우도 마찬가지이다. 그나마 미국의 SAT는 학생들이 여러 번 선택해서 볼 수가 있기 때문에 한 번의 시험이 주는 영향력이 우리나라의 수능만큼 크지 않은 편이다.

영국의 수능에 해당하는 A-level 시험에서 학생들이 사회적 거리 두기 때문에 시험장에 못 오는 상황이 발생하자 영국 정부는 대책으로 인공지능 알고리즘을 활용해서 학생들의 A-level 시험 성적을 산출하였다. 이를 위해 영국 정부는 각 과목에서 알고리즘에 학생들의 지난 시험 성적, 교사 평가에 근거한 학교에서 각 학생의 상대적 순위, 지난 3년간 학교들의 성적 분포를 입력 값으로 집어넣었다.

하지만 결과적으로 인공 지능의 계산 값에 의존에서 얻어진 성적은 40퍼센트의 학생들이 기대했던 성적보다 낮게 나왔고, 이는 영국 전역에서 학부모 및 학생들의 항의와 법적 소송을 불러왔다. 코로나 위기로 촉발된 이번 사태는 인공 지능이 공정한 시험 결과를 만들 수 없다는 기술적인 제약을 드러냈을 뿐만 아니라 위기 상황에서 대대적인 총괄 평가의 위험성을 부각시키는 계기가 되었다.

우리나라의 수능같이 한 번에 당락이 결정되는 평가를 고위험 고부담 시험high-stake test이라고 하는데, 코로나 사태에서 드러난 것처럼 위기 상황일수록 이러한 고부담 총괄 평가에 대한 의존성이 더 낮아질 수밖에 없다. 특히 디지털 격차로 상대적으로 더 큰 위기에 있는 사회적으로 혜택을 받지 못한 학생들의 경우 교사와의 지속적인 접촉과 소통이 학습 격차를 줄일 수 있다고 OECD 연구는 보고한다.[63] 따라서 다양한 디지털, 모바일 도구를 활용한 형성 평가의 강조는 이러한 학생들을 돕는 데도 효과적으로 작용할 수 있을 것이다.

교육 테크놀로지의
거대한 성장

이미 코로나 시대 이전에도 언어 교육용 어플리케이션App은 물론 가상현실 개인 교습virtual tutoring, 화상 회의 도구, 온라인 러닝 소프트웨어 등의 교육 테크놀로지는 높은 성장을 기록하여 2019년에는 전 세계적

---

63   OECD. 2020. How can teachers and school systems respond to the COVID-19 pandemic? Some lessons from TALIS https://www.oecd-forum.org/users/50583-andreas-schleicher/posts/63740-how-can-teachers-and-school-systems-respond-to-the-covid-19-pandemic-some-lessons-from-talis

인 투자가 186억 달러를 돌파했으며, 2025년까지는 3500억 달러를 넘어설 것으로 예상되고 있다.[64] 온라인 교육 테크놀로지에서 현재까지 가장 큰 투자를 차지한 분야는 읽기, 쓰기 교육 및 21세기에 대비한 소프트 스킬Soft Skills 그리고 산술 능력Numeracy에 관련된 분야다.

테크놀로지의 발전에 따른 온라인 교육이 활성화되면서 비대면 교육의 효율성에 대한 의구심이 생기고 있다. "온라인 교육은 오프라인 교육보다 효과가 떨어지는 건 아닐까?" 일단 이에 대한 짧은 답변은 "걱정하지 마시오!"이다. 많은 연구에 따르면 평균적으로 학생들은 교실에서 배울 때 8~10퍼센트 정도만 배운 내용을 기억하는 반면에 온라인으로 공부했을 때는 25~60퍼센트로 증가하는 것으로 밝혀졌다. 학생들이 온라인에서는 자기에게 알맞은 속도로 조절해 가면서 배울 수 있고, 다시 읽거나 돌아가거나 할 수 있으며, 자기가 더 배우기 원하는 개념이나 지식을 선택할 수 있다는 장점이 있다. 그래서 교실 수업보다 온라인 교육에서 40~60퍼센트 정도 더 적은 시간으로 배울 수 있다.[65]

그러나 이러한 긍정적인 효과는 이미 학습에 대해 구조화된 환경structured environment을 가지고 있고 오랜 시간 집중이 가능한 인식 능력

---

64 Cathy Li (29 Apr 2020) The COVID-19 pandemic has changed education forever. This is how. World Economic Forum. https://www.weforum.org/agenda/2020/04/coronavirus-education-global-covid19-online-digital-learning/

65 Cathy Li (29 Apr 2020) The COVID-19 pandemic has changed education forever. This is how. World Economic Forum. https://www.weforum.org/agenda/2020/04/coronavirus-education-global-covid19-online-digital-learning/

이 있는 고학년 학생들에게 더 적당한 것으로 알려졌다. 즉 고도화된 시각적 집중력을 요구하는 온라인 교육은 산만하고 다양한 감각 지각 능력을 활용하는 어린아이들일수록 그 효과가 떨어질 수 있다는 말이다. 따라서 저학년 학생일수록 비대면 교육에 적응하기 위한 인지 및 환경에서의 세밀한 주의와 훈련이 필요하다고 할 수 있다.

앞으로는 학교교육뿐만 아니라 학교 밖 교육에서 테크놀로지 기반의 교육이 더욱 더 활성화될 예정이다. 이러한 교육 테크놀로지의 거대한 성장은 교육 전반에서 다음과 같은 긍정적인 변화를 가져올 것으로 예상된다. 우선 놀이와 같이 재미있는 요소를 가미하며playful, 직접 해보는hands-on 교육 경험의 증대이다. 미국의 싱크탱크인 브루킹스 연구소Brookings Institute의 연구에 따르면, 기술 기반 교육 혁신 사례의 67퍼센트가 학습 과정에서 흥미와 교육 경험을 강조한다고 한다. 예컨대, 인터랙티브 플랫폼을 활용한 실시간 피드백과 게임을 활용한 평가 및 학습은 학생들로 하여금 생물학적인 과정을 설명하는 비디오 게임 디자인을 가능하게 하고, 언어 습득을 위해 스스로 조절이 가능한 소프트웨어를 사용을 할 수 있으며, 온라인 커뮤니케이션 플랫폼을 활용해 사회적 기업을 창업하도록 할 수 있다.[66]

그뿐만 아니라 교육 기술의 발전은 교사들의 부담을 덜어 주는 역할을 할 것으로 보인다. 맥킨지 컨설팅의 보고서에 따르면, 인공 지능 시대에 자동화된 기술에 의해 대체될 확률이 가장 적은 직업군으로 교사를 꼽는다. 미래 교육에서 교사들의 역할을 더욱 더 중요해질 것으로 예측한다. 기술의 발달에 힘입은 도구의 발달은 많은 부분 교사들의 부담을 줄여 주며 효과적인 교육에 도움을 줄 것이다. 세계 각국은 이미 이러한 도구를 많이 도입하고 있는데, 브라질의 Conecturma라는 러닝 플랫폼은 7개 주 81개의 지방자치구역의 공립 학교에서 3~11세 어린이들을 대상으로 광범위하게 쓰이고 있다. 이를 통해 브라질의 교사들은 스토리텔링과 게임을 활용해 다양한 방식으로 수학, 읽기 쓰기, 세계시민교육, 기업가 정신 같은 분야들을 가르치고 있다.[67]

교사에게는 디지털 기술을 더 잘 활용하며 협업할 것이 요구된다. 국내에도 이미 많이 알려진 '거꾸로 학습법flipped learning' 사례처럼 학생들은 수업 시간 전에 정해진 분량의 영상이나 자료를 집에서 미리 학습하고 수업 시간에는 상호 작용을 하는 학습법이 대세가 될 것으로 보인다. 이는 종래의 지식 전달식 학습 혹은 은행 저금식 학습banking education이 더 이상은 설 자리가 없어짐을 의미한다. 교사는 지식을 전달하는 역할에 제한된 선생teacher이 아닌 학생들이 이미 배운 지식을 토론하고 서로 가르치고 그럼으로써 더 깊이 생각하게 만드는 조력자 facilitator로서의 역할을 해야 함을 의미한다.

마지막으로 테크놀로지 기반 온라인 교육의 활성화는 평가의 기재도 변화시킬 전망이다. 교육 평가는 아주 크게 형성 평가formative assessment와 총괄 평가summative assessment로 나누어진다. 형성 평가가 학

66   Vegas, E. et al. (Nov 2019) 'How ed-tech can help leapfrog progress in education' Center for Universal Education at Brookings. P.10

67   http://www.conecturma.com.br

생의 실력을 향상시키려는 목적으로 결과나 성과보다는 과정에 초점을 두고 이루어지는 평가인 반면에, 총괄 평가는 학생이 여태까지 교육 내용을 얼마나 잘 습득했고 이해했는지 테스트하는 것으로 형성 평가와는 달리 결과에 초점을 맞춘다. UNESCO에서 발간한 보고서에 따르면 온라인 기반 학습은 학생들이 주어진 학습 시간에 배우는 내용을 잘 이해하고 있는지를 교사가 계속 확인하고 평가하는 형성 평가의 기능을 강조한다.[68]

교육제도의 변화:
shorter & cheaper

현재의 교육 제도는 19세기 산업혁명의 모델로 만들어졌다. 학생들의 IQ에 초점을 맞춰 표준화된 지식 습득과 암기 능력을 배양하는 데 많은 시간을 투자한다. 하루가 다르게 발전하는 테크놀로지, 특히 인공지능과 빅데이터, 머신 러닝과 같은 기술들은 사회 구조와 직업군을 빠르게 변화시키고 있으며 이에 따라 기존의 교육을 도태시킨다.

더 구체적으로는 코로나 위기로 인해 교육에서 다음과 같은 변화가 일어날 것으로 예상된다. 첫 번째, 없어지는 직업과 새로 생겨나는 직업의 순환과 회전이 빨라지면서 새로운 직업군에 적응하기 위해 배워야 하는 기술을 가르쳐 주는 짧은 코스들이 많이 늘어날 것이다.

두 번째, 학부모와 학생들은 투자 수익률Return of Investment: ROI에 따라 수업을 결정할 것이다. 즉 투자 대비 직업을 쉽게 얻을 수 있고, 많은 가치를 창출할 수 있는 가성비 좋은 수업을 제공해 주는 서비스를 제공하는 교육 기관으로 학부모와 학생들이 눈길을 돌리게 될 것이다. 미국 UCLA에서 조사한 연구에 의하면 80퍼센트의 학생이 자신들이 받는 교육이 취업을 위한 수단일 뿐이라고 대답을 했다. 이는 오직 50퍼센트의 대학 총장들이 같은 대답을 한 것과 대조적이다. 이런 차이점이 보여 주듯이 전통적인 대학에 대한 생각과 학생들의 대학에 대한 생각이 괴리가 생기고 있는 것으로 보인다.[69]

또한 평균 수명이 늘어나고 평생직장의 개념이 사라지면서 몇 번씩 직업과 회사를 바꿔야 할 상황이 많이 발생할 것이기 때문에 '평생 교육'의 중요성이 대두될 것이다. 전통적인 교육 모델이 유치원부터 대학, 대학원 즉 어렸을 때부터 젊은 시절까지 지속적인 교육을 몰아서 하는 모델이었다면 미래 교육 모델은 내가 지금 하고 있는 일 혹은 일을 바꾸기 위해 필요한 기술과 능력capability을 산발적으로 배울 수 있는 모델이다. 즉 평생 배울 것이기 때문에 어렸을 때 다 몰아서 배우고 익혀야 할 필요가 없다. 대신 인지적 유연성을 가지고 내가 가지고 있

68   UNESCO (2020) Distance Learning Strategies in Response to COVID-19 School Closures. Education Sector Issue Note

69   Utkarsh Amitabh, 'How technology will transform learning in the COVID-19 era' World Economic Forum. https://www.weforum.org/agenda/2020/08/how-edtech-will-transform-learning-in-the-covid-19-era/

는 지식 및 기술 중에 더 개발해야 할 것re-learning 및 버려야 할 것 un-learning을 잘 구분하고 변화하는 환경에 맞게 적응할 수 있는 능력을 키우는 교육 모델이 대두될 것이다.

대학은
몰락할 것인가

미국의 케이스이긴 하지만 하버드 비즈니스 스쿨의 크리스텐슨Prof. Clayton Christensen 교수는 2013년에 다음 10년간 미국의 50퍼센트에 해당하는 대학이 문을 닫게 된다는 충격적인 연구 결과를 발표했다. 특히 미국 지방에 있는 소규모 학부 중심의 교양대학(리버럴 아츠 칼리지)들이 많이 도산할 것이라고 발표했는데, 학령기 인구 감소로 난항을 겪고 있는 우리나라 대학도 미국의 경우와 그리 다를 것 같지는 않다.

이러한 사태에 대비하기 위해서 대학은 학생들이 직업 전선에서 잘 적응할 수 있게 도와주는 투자 대비 가성비 좋은 짧은 코스들을 많이 개발해야 할 것으로 보이며, 또한 부족한 재정을 채우기 위해 기업과 대외 재단, 정부 기관과의 협업 프로젝트를 많이 만들어야 할 것으로 보인다. 람브다 스쿨Lambda School의 경우 어떤 배경이든 상관없이 학생들이 컴퓨터 사이언스 관련 직업으로 취업할 수 있는 핵심 기술을 가르쳐 주는 온라인 스쿨이다. 이 스쿨은 처음에 내야 하는 학비가 없다. 대신

학생이 많은 소득을 올리는 회사나 일에 취업이 되면 소득의 17퍼센트를 2년 동안 학비 대신 내야 한다. 만약 프로그램을 들은 후 60달 동안 취업이 안 되면 학비는 취소가 된다.

하지만 이러한 변화에도 불구하고 엘리트 대학이 가지는 네트워크의 힘은 변함이 없을 뿐더러 미래 사회에는 더 중요해질 것으로 보인다. 따라서 이러한 네트워크를 강화시키기 위해서 대학은 공유 오피스, 사적 네트워크 확충, 주제에 따른 다양한 연합 모임, 그리고 동료 멘토링peer-mentoring을 통해 횡적 관계를 강화시켜야 한다고 INSEAD의 미하브Ilian Mihov 교수는 주장한다. 종래의 학습이 권위를 가진 교수 혹은 전문가의 토론 혹은 강의를 통해 행해지는 종적vertical 관계가 주를 이루었다면 미래 대학 교육은 학생들 사이의 협업과 토론 그리고 자유롭고 일상적인 대화를 촉진시키는 다양한 기회를 많이 만들어야 한다. 이런 기회 창조를 위해 온라인 플랫폼과 에듀 테크놀로지가 중요한 역할을 할 것으로 기대된다.[70]

70   Ilian Mihov (3 September 2020) 'Deconstructing Learning, Reconstructing Education' INSEAD Knowledge. https://knowledge.insead.edu/blog/insead-blog/deconstructing-learning-reconstructing-education-15111

코로나가 불러올
세 가지 교육 변화

    대학 교육뿐만 아니라 학교 밖 교육에서도 코로나는 큰 변화를 일으킬 것으로 예상된다. 특별히 주목해야 할 점은 격대 간 교육의 부상이다. 코로나로 인해 대부분의 교육이 가정 내에서 일어지면서 부모가 해야 할 역할뿐만 아니라 조부모니 친척의 도움이 어느 때보다도 절실해지고 있다. 산업화로 촉발된 대중들의 도시 이주가 핵가족화를 부추기며 종래에 가정에서 이뤄지던 많은 교육이 학교로 많이 이양되었다면, 코로나가 가속시킨 미래 교육은 이 추세를 되돌릴 것으로 보인다. 물론 테크놀로지의 발전 때문에 종전의 모습과 똑같아질 수는 없겠지만, 적어도 "한 아이를 키우기 위해 모든 마을 사람들의 도움이 필요하다It takes a whole village to raise a kid."라는 격언에 다시 귀 기울여야 한다. 특별히 아이들뿐만 아니라 어른들의 SNS 및 유튜브 사용이 활발해지면서 온라인 콘텐츠를 활용해 조부모와 아이들이 소통을 하면서 얻어지는 교육적인 효과에 주목해 볼 필요가 있다.

    많은 사람들이 코로나로 인해 아이들이 가정에서 대부분의 시간을 보내게 되면서 생기는 어려움과 스트레스에 대해서 걱정을 하지만 영국에서 행해진 연구 결과는 다른 시사점을 던져 준다. 13~14세 아이들을 대상으로 한 영국의 연구 결과에 따르면 학생들은 코로나로 인해 집에 있게 되면서 오히려 정신 건강 및 웰빙의 측면에서 더 좋아졌으며 이는 학교에서 겪는 여러 가지 학업 과중에 따른 스트레스 및 친구

들과의 관계에서 오는 불안감이나 왕따 문제에서 자유로워졌기 때문
이라고 보고하고 있다.[71] 이러한 결과는 우리나라 학생들에게도 시사
하는 바가 큰데, 집에서 있는 시간을 잘 활용하여 조부모 및 친척 그리
고 부모와의 관계를 든든히 하는 것은 오히려 학생들의 정신적 심적
건강을 높이는 기재가 될 수도 있다. 즉 사회 정서적 학습 Social-Emotional
Learning의 측면에서 보았을 때는 오히려 코로나가 학생들로 하여금 과
도한 학습에 대한 압력과 교우 관계 속에서 숨을 쉬게 해 주는 기회가
될 수 있을 것이다.

마지막으로 코로나 위기로 인해 국가 간 이동이 제한되고 보호주의
가 대두되면서 오히려 세계시민교육에 대한 필요성이 더 커질 것이다.
《호모 사피엔스》를 쓴 작가이자 세계적인 인문학자인 유발 하라리Yuval
Noah Harari는 이러한 경향성에 대해 심각성을 표명하면서 이제야 말로
시민 사회civil society가 나서서 국가와 사회가 국수주의로 흐르지 않도
록 다양한 노력을 기울여야 한다고 〈파이낸셜 타임즈Financial Times〉 기
사에서 강조했다.[72]

이와 같은 맥락에서 세계 시민 교육의 선구자인 시카고 대학의 법철
학자 마사 누스바움Martha Nussbaum이 이야기한 대로 우리는 나와 다른

71   Emily Widnall, 'COVID-19: The effect of lockdown on teenagers' mental health isn't all bad,' WEB. https://www.weforum.org/agenda/2020/08/school-closures-positive-effects-teenagers-mental-health/
72   Yuval Noah Harari (20 Mar 2020) 'The World After CoronaVirus,' Financial Times. https://www.ft.com/content/19d90308-6858-11ea-a3c9-1fe6fedcca7

문화의 사람들의 관점에서 생각해 보고 공감할 수 있고 토론해 볼 수 있는 서사적 상상력narrative imagination을 세계시민교육에서 가르쳐야 한다. 비록 코로나로 인해 예전보다 물리적인 이동은 어려워졌지만 하루가 다르게 발전되는 기술의 발전은 코로나 위기에도 불구하고 인류애와 국제적 협력을 가능케 하는 세계시민교육의 발전을 가능케 할 것이다.

참고 : 비대면 수업에 도움이 될 오픈 소스

코로나 바이러스 기간 동안에 교사와 학생들이 자유롭게 사용할 수 있는 오픈 소스 자료를 정리해 놓은 다양한 웹 사이트가 미국과 유럽 국가들을 중심으로 만들어지고 있다. Commonwealth of Learningwww.col.org이라는 웹 사이트에는 학교에서 필요로 하는 정보를 카테고리별로 잘 정리해 놓았다.

유아들을 위한 자료를 올려놓은 African Storybook 웹 사이트에 들어가면 아프리카 언어로 만들어진 그림책이 1,000개가 넘게 공유되어 있는데, 한국 아이들도 언어는 이해하지 못하겠지만 그림을 보면서 아프리카에서 사는 아이들의 삶과 일상을 공유할 수 있다. 학령기 아이들을 위한 소스로는 storyweaver.org.in이라는 웹 사이트가 있는데, 이곳에서는 269개의 다른 언어로 만들어진 그림 이야기가 25,000개가 넘게 공유되어 있다. 이 웹 사이트를 통해 아이들은 언어 공부를 할 수 있을 뿐만 아니라 다문화 시대에 맞는 문화적 소양을 기를 수도 있다.

좀 더 높은 레벨의 수준에서는 다양한 기관들이 협력해서 만든
Merlot www.merlot.org라는 웹 사이트가 커리큘럼 및 퀴즈, 튜토리얼, 자
료 등이 망라되어 정리되어 있다. Neuroscience for Kids라는 곳에 클
릭해서 들어가면 아이들이 뇌 과학 및 신경계에 대해서 배울 수 있는
다양한 기사, 자료, 활동, 실험 등이 공유되어 있으며, 다른 사람들과 함
께 콘텐츠에 대해서 공유할 수 있는 창이 마련되어 있어서 좀 더 인터
랙티브하게 활동을 즐기며 소통할 수 있는 기회도 얻게 된다. 다음은 이
러한 자료들이 공유되고 정리되어 있는 웹 사이트를 추려 놓은 표이다.

이름	웹 사이트	연령/분야	비고
Common Wealth of Learning	https://www.col.org/resources/keeping-doors-learning-open-covid-19	전 연령/전 분야	
OER Commons	https://www.oercommons.org/hubs/k12	K-12 초, 중, 고/전 분야	
PHET Interactive Simulations	https://phet.colorado.edu/	전 연령/실험 중심, 물리, 화학, 생물, 수학 등 이과 중심	앱 가능
African Storybook	https://www.africanstorybook.org/	유아 중심/스토리	앱 가능
StoryWeaver	https://storyweaver.org.in/	유아, 초등 중심/스토리	
Open Textbook Library	https://open.umn.edu/opentextbooks/	대학생/교과서, 대학 중심	
OER Commons	https://www.oercommons.org/	전 연령/전 분야	

한국 사회에
필요한
교육 가치[73]

한 나라의 교육제도는 그 사회와 국가가 나아가고자 하는 거시적인 공동체에 대한 미래상과 그 속에서 살아갈 미래 세대들을 투영한 인재상에 근거하여 세워진다. 이러한 미래상과 인재상이 그리는 모습에 근거한 공동체의 교육철학은 사회의 변화에 맞추어 진화를 거듭한다.

이런 의미에서 일제에 의한 강제 병합과 한국전쟁, 냉전이라는 시대적 배경 속에서 부침을 거듭하는 동안 근대국가modern state의 형성과 발전이 이루어진 우리나라의 경우 교육철학 및 교육제도의 형성을 위해 거시적인 미래상과 인재상에 대해 긴 호흡을 가지고 진지하게 논의해 볼 '여유'가 없었는지도 모른다.

군부 독재 체제를 끝내고 민주화를 통한 정치적 안정을 시민의 손으

---

73   추가된 에필로그는 저자의 논문에서 발췌, 편집하였음. 김선, 〈마음의 교육학 : 이제는
교육에서 차이를 인정해야 할 때〉,《지식의 지평》25호(2018)

로 쟁취한 지도 얼마 되지 않았고, 먹고 살만한 경제적 풍요를 이뤄낸 지도 불과 몇 십 년이 채 되지 않았다. 이러한 역사적 사회적 배경 때문인지 지금 우리 사회에 만연한 모습은 치열한 경쟁과 '빨리빨리'라는 정서이다.

'왜' 경쟁을 해야 하는지, 그리고 경쟁에서 이기면 어떠한 삶의 모습을 살아야 할 것인지에 대해 진득하게 앉아서 고민하고 이야기해 볼 여유가 사회는 물론이고 가정에서도 존재하지 않았다. 그래서 전 세계적으로 유례없이 단시간에 경제적 풍요와 정치적 안정을 성취하는 데는 성공했지만, 정작 경쟁에서 살아남은 지금 현 시대를 살아가는 우리들은 더 불안할 수밖에 없다.

'수단'으로서의
교육

그러면 우리 사회가 현재 인식하고 있는 교육은 무엇이고 공부란 무엇인가? 교육학자로서 나는 교육학자들과 교육정책 입안자들의 생각이 아닌 현시대를 살아가는, 우리가 미래 세대라고 부르는 청소년, 청년, 아이들의 생각이 알고 싶었다. 대한민국의 오늘을 사는 미래 세대들이 교육에 대해 '실제적'이고 '현실적'으로 인식하고 수용하고 있는 의미를 알아보는 것이 우리 사회가 안고 있는 교육 문제를 더욱더 깊

이 있게 이해할 수 있는 길 같았다. 그래서 디지털 세대인 청소년, 청년
들이 많이 사용하는 매체인 온라인 커뮤니티 속 게시 글과 댓글을 분
석하여 우리 사회 및 교육 문제와 관련된 이들의 보편적인 인식을 찾
으려 했다. 다수의 사춘기 청소년 및 청년들이 아이돌과 관련된 대중문
화 이슈를 포함한 다양한 주제로 게시 글과 댓글을 게시하고 있는 한
온라인 커뮤니티에서 다음과 같은 질문은 논란의 중심이 되었다.

> "나 중1인데 진짜 경제관념을 잘 몰라서…. 내가 강남에 반포라는 동네에
> 서 학원을 다녀. 근데 내가 아는 남자애가 반포 쪽에 한강 바로 앞 30억
> 짜리 아파트 산다는데(팩트야) 걔가 공부하는 모습을 못 봤거든. 걔가 자
> 기는 공부 안 해도 된다는 거야. 집값만 30억이면 꽤 부자인 거야?"

이 글은 게시된 지 얼마 지나지 않아 커뮤니티에서 가장 인기 있는
글 중 하나가 되었고 순식간에 100개가 넘는 댓글이 달렸다. 댓글은
주로 교육의 사회 경제적 가치와 연결된 내용이 많았는데, 그중 몇 개
의 '베플(가장 좋은 댓글, Best Reply의 줄임말)'과 '좋아요'가 많이 달린 댓
글을 추려서 정리해 보았다. 그리고 댓글 중 '교육의 공정성'에 대해 시
사점을 주는 부분을 밑줄로 강조해 놓았다.

> "응ㅋㅋ 안 해도 됨. 왜냐면 자산은 더 많을 걸. 집값만 30억이니깐. 그리
> 고 그런 애들은 유학도 많이 가고. 우리 집은 가난해서 공부 말고는 살
> 길이 없음. 슬프다. 쟤는 먹고살 걱정하진 않을 거 아냐."

"내 친구 중에 아빠 교수 엄마 치과의사인 애가 있음. 치과도 크고 좋아서 한 달 수입 못 벌면 삼천이고 평균 오천이래. 부모가 걔 공부시키려고 기를 썼는데(한 달 과외비만 800이었음) 원체 머리가 딸려서 그렇게 해도 수능 망하고 결국 지방대도 야간 감. 결국 걔네 엄마가 안 되겠다 싶었는지 그냥 다 포기하고 건물 하나 사서 증여해 주고 거기에 카페 열어 줬음. 자리도 좋은데다 잘나가는 프랜차이즈라 장사 잘되서 지금은 걔도 달에 몇 천 찌른다더라. 돈이 돈을 낳는 건 리얼임."

"오히려 그 정도면 부모들이 공부 더 시키지 않음??"

"집값이 30억이면 왜 해ㅋㅋㅋㅋㅋ 공부하는 목적이 좋은 데 취직해서 돈 벌려는 건데 걔는 이미 그 과정을 뛰어넘은 거잖아."

"금수저는 이길 수가 없음."

"해도 되고 안 해도 되고ㅋ 어차피 20살 넘어가면서 실질적으로 돈 버는 방법을 지 부모한테 다 배우게 돼 있음. 그럼 학벌? 다 필요 없다. 이게 현실."

"뭐랄까. 그냥 서울 사는 애들 다 부럽다. 나중에 탈지방 못하면 자살해야지."

"나는 집에 돈이 없어서 재수도 못하고… 대학원도 가고 싶은데 솔직히
내가 알바해서 갈 용기도 없고… 유학은 물론이거니…. 배우고 싶어서
안달인데 걔는 부모 잘 만나서 개부럽네ㅋㅋㅋ 미래 다 보장ㅋㅋㅋㅋ"

게시된 글에 대한 댓글은 우리나라의 많은 청년들과 청소년들이 가
지고 있는 교육에 대한 인식을 명확하게 드러낸다. 이들에게 교육은 돈
을 많이 벌거나 좋은 직장에 취직하고 안정된 생활을 영위하기 위한
'수단'과 같은 것으로 여긴다. '먹고사는 문제'가 해결되면 공부는 그
의미가 퇴색되고, '왜 공부를 해야 하는가'에 대한 질문은 무색해진다.

"부잣집에서도 부모가 자녀들에게 공부를 열심히 시킨다."라는 내용
의 댓글도 상당수 있었다. 하지만 이런 주장의 기저에서도 '부자들은
집안의 자산을 유지하기 위한 목적으로 자녀들에게 공부를 시킨다.'라
는 인식이 지배적이었다. 다시 말하면 교육은 그 자체로 가치가 있는
게 아니라 한 집안의 재산을 유지하거나 증식시키기 위한 수단 내지
방편이라는 것이다.

또한 교육의 사회 경제적 계층화는 서울과 지방이라는 지리적인 요
인에 따라 분화되기도 하고, 대학 입시가 유일한 방법인 이들과 대학
입시 이후에 대학원 진학이나 유학과 같은 다른 선택할 수 있는 교육
적 기회를 가진 이들과의 괴리와도 연결된다. 하지만 궁극적으로 교육
계층화의 문제는 '더 많은 선택을 가질 수 있는 재정적 투자의 여력이
있는가?'라는 문제로 귀결되고, 이는 부모의 능력, 곧 시쳇말로 흙수저
와 금수저 논쟁이라는 이슈로 드러난다.

능력주의 경쟁 사회와
교육의 의미

인터넷이라는 익명성과 비대면적인 가상의 공간에서 사람들은 비교적 솔직한 마음을 드러낸다. 이 공간에서 드러난 교육에 대한 인식은 '먹고살기 위한' 수단이거나 '입신양명立身揚名'이라는 출세 지향적 욕구를 드러내는 방편으로 보는 것이 지배적이다. 이러한 생각은 실제로 우리나라의 교육정책을 입안하고 실행하는 과정에서 언제나 불거진다.

지난 대선 과정에서 후보들은 하나같이 자신들의 교육정책을 설명하면서 노동시장과 교육의 연관성에 주목했고, 그중에서도 학력 간 임금 격차에 대해 깊은 우려를 표했다. 각 후보들의 공약 내용은 달랐지만 그 기저에는 교육이 계층 이동의 사다리가 되어 흙수저도 금수저가 될 수 있는 사회를 만들겠다는 의지가 담겨 있다 하겠다.

이와 관련하여 우리 사회에서는 교육의 기회라는 측면에서 평등이라는 이상을 실현시키기 위해 다양한 논의가 이루어지고 있다. 그 논란의 중심에는 법적, 제도적 차원의 기회 균등을 강조하는 보수주의적 해석과 사회계층의 분화나 경제적 불평등, 지역적 차이에 의한 교육 격차의 해소로 실질적 의미의 교육 기회 균등을 강조하는 진보주의적 해석이 첨예하게 맞서고 있다.[74] 최근 논란이 되고 있는 자사고 폐지, 대학 서열화 해체 등의 정책 기조는 교육 기회의 균등에 관한 진보주의적 해석을 바탕으로 하고 있다.

이와 같은 정책의 방향은 교육의 불평등 해소라는 긍정적인 의도를 가지고 있다고 하나, 아무리 교육적 격차를 해소하여 교육 기회에서의 '실질적 평등'을 보장한다고 하더라도 현재 대한민국이 가지고 있는 극심한 사회적, 문화적, 경제적 경쟁 체제인 '능력(중심)주의meritocracy' 사회에서는 선의善意로 만들어진 교육정책 및 제도가 오히려 불평등을 조장하고 정당화시키는 '도구'로 전락할 가능성이 있다.[75]

능력주의 사회에서 개인은 타고난 지능IQ과 노력effort의 합산인 능력merit으로 판단되고, 개인의 능력은 사회에서 개인이 창출한 '부'와 '성공'이라는 '기준'으로 판단된다. 따라서 각 개인이 유전적으로 타고난 지능상의 '차이'를 인정하지 않는 한, 아무리 교육적 격차를 해소한다고 하더라도 학교 현장에서 아이들은 여전히 동일한 기준으로 취급되고 교육되고 평가될 것이며, "결과적으로 개인이 선천적으로 가진 지능의 불평등은 실질적인 경제 사회적 불평등"이라는 모습으로 나타날 것이다."[76] 즉 경쟁에서 가정하고 있는 단일화된 평가 기준인 능력과 이를 측정하는 수단인 부와 성공이라는 근본적인 상수들이 변하지 않는 한, 대한민국의 교육은 여전히 수단으로서의 의미, 종속 변수로서의 역할밖에 할 수 없다.

74   강희천, 〈교육에서의 평등 : 긍정적 차별화〉(1989), 사회이론, (7), 90-113.
75   M. Young, 《The Rise of Meritocracy》(1958), Penguin.
76   강희천, 위의 글, 99쪽.

학교 교육제도에 내재된
불공정성

최근 대입 관련 교육제도의 개편을 놓고 논란이 계속되고 있다. 사실 대입 제도 개편은 새롭게 불거진 문제가 아닌 정권이 바뀔 때마다 되풀이되어 온 일이다. 논의되고 있는 대입 제도의 개편과 관련하여 가장 민감한 이슈는 입학사정관제로 대표되는 수시 전형과 대학수학능력시험으로 대표되는 정시 전형의 비율을 어떻게 할 것인가이다. 대입 제도에 관련해서는 창의적인 인재 양성과 4차 산업 시대에 맞는 교육이라는 거대 담론에서부터 대입 전형 간소화와 수월성 교육 축소, 사교육 등과 같은 다양한 정책적인 문제들까지 연관되어 있기 때문에 '수시 vs. 정시'라는 단순한 공식으로 이 문제를 도식화하는 것 자체가 참으로 어리석은 짓이다.

그럼에도 불구하고 대입 제도에 대해 모든 이들이 근본적으로 관심을 가지는 부분은 '우리의 대입 제도는 과연 공정한가?'라는 문제이다. 한국의 교육 현실과 대입 제도의 공정성이라는 거대한 문제를 논의하기에 앞서 '공정성justice'의 개념을 되짚어 볼 필요가 있다. 과연 우리 사회가 보편적으로 인식하고 있는 교육에서의 공정성은 무엇을 의미할까?

모든 학생들에게 동일한 기회와 자유를 주기 위해 똑같은 내용을 똑같은 방식으로 배우고, '공평'하고 '효율'적인 대학수학능력시험과 같

은 객관식 시험으로 평가하는 것이 가장 공정해 보인다. 하지만 이러한
착시 현상은 학교교육을 구성하는 요소가 근본적으로 '불공정'한 가치
에 바탕을 두었다는 사실을 간과한 결과이다. 이에 대해서 하버드대학
교에서 교육심리학을 연구하는 하워드 가드너 교수는 다음과 같이 주
장했다:

> 정규 교육은 공정해 보인다. 결국 모든 사람들이 똑같은 환경에서 공부하
> 지 않는가. 그러나 몇 년 전, 나는 정규 교육이 내건 이론적 근거가 완전
> 하게 불공정하다는 사실을 깨달았다. 정규 교육은 기계적으로 강의를 듣
> 고 외우게 하고, 잠정적으로 [표준화된 시험인] IQ나 SAT에 적합한 마
> 음에 초점을 맞춘다. [77]

미국의 교육 시스템을 광범위하게 수용하고 이상적 모델로 여기고
있는 우리 학교교육도 이와 크게 다르지 않은 듯하다. 학교에 잘 적응
하고 표준화된 시험에서 높은 성적을 받는 학생들은 대부분 뛰어난
'언어 지능'과 '논리수학 지능'을 가진 이들이다. 반대로 예술적 지능이
나 인간관계적인 면에서 뛰어난 재능을 보이는 아이들은 뒤처질 수밖
에 없다. 그뿐만 아니라 현장에서 직접 시도해 보고 실패를 통해서 배
우는 방식의 학습을 선호하는 운동 감각형 학습자kinesthetic learner 유형

의 아이들은 어쩔 수 없이 경쟁에서 뒤처질 수밖에 없는 구조가 현재의 정규 학교의 교육과정을 지배하고 있다.

이에 대한 대안으로 하워드 가드너 교수가 주창한 '다중 지능' 이론을 굳이 따르지 않더라도, 우리의 학교교육은 근본적으로 특정한 지능 혹은 특정 유형의 아이들이 성공할 수밖에 없는 내재적 구조를 가졌다는 측면에서 여전히 불공정하다고 할 수 있다.

앞서 언급했던 우리 사회에 만연한 경쟁 논리 즉 '능력(중심)주의' 논의와 연결시켜 본다면, 선천적으로 주어진 지능의 '다양성'을 인정하고 발현시켜 주는 개인 중심personalized 교육이 정착되지 않는 한, 아무리 교육 기회에 있어서 개인의 사회 경제적 격차를 고려한 평등을 추구한다고 해도 경쟁 체제에 놓인 우리의 학교는 여전히 학생들에게 불공정할 수밖에 없다.

학교 안팎 공정성의
다면적 성격

대입 제도뿐 아니라 한국 교육의 공정성은 단선적인 측면에서 논의될 수 없다. 교육의 공공성 문제를 단선적인 측면에서 접근할 때, 대부분의 논의는 추상적인 수준에 머물게 되고 구체적이고 실제적인 논의를 저해한다. 본질적인 의미에서 한국 대입 제도의 공정성 문제는 현재

학교가 가지고 있는 획일화된 구조 자체에 대한 비판에서부터 시작되어야 한다.

대입 제도의 공정성을 정책이나 제도의 변화를 통해 추구하는 것이 아니라 정책이 적용되고 실행되는 과정에서 교육의 당사자인 학생과 학부모, 교사가 처한 구체적인 환경과 상황 배경 등을 모두 고려하는 논의가 필요하다.[78] 이를 위해 학교교육에서 공정성 문제를 논의하기 위해서는 분배의 공정성distributive justice이라는 명제 외에도 다른 여러 측면을 고려해야 한다. [79]

첫 번째는 인정의 공정성recognitional justice이다. 캐나다의 철학자 찰스 테일러Charles Taylor가 주장한 바처럼, 개인이 가진 문화와 삶의 방식 및 가치에 대한 인정과 존경이 주류 그룹에 의해 배제되었을 때 피해자는 "극심한 상처뿐만 아니라 엄청난 자기혐오에 빠지게 된다."[80] 한국이 구미歐美권 국가보다 다문화 비율이 낮지만, 탈북자 문제를 비롯하여 늘어나는 다문화 인구 및 그에 따른 충돌이 심화되고 있는 이유도 인정의 공정성 부족에서 찾을 수 있다. 단일민족이라는 전통적 가치와 분단 상황이 빚어낸 이념적 갈등은 우리 사회 전반에 편 가르기 식의 배타적 프레임을 형성했고, 이는 학교 및 청소년 문화 전반에 깊숙이 파고들었다.

---

78   Gewirtz, 위의 글. 79-80쪽

79   위의 글.

80   C. Taylor, 《Multiculturalism》(1994), Princeton, NJ, Princeton University Press, p. 25-6

이러한 상황 속에서 학생들은 타인이 가진 다른 가치와 삶의 방식, 문화에 대해 심각하게 고민을 하지 않는다. 오히려 가정의 경제력이 학생의 교육과 직업의 수준을 결정하는 듯한 사회구조와 학교에서의 경쟁에 대한 압박은 학생들의 배타적인 성향을 강화한다. 이러한 교육 환경에서 타인에 대한 배려 및 인정이 부족한 것은 당연한 결과일 수밖에 없다.

또 다른 측면은 공동체적 공정성associational justice이다. 자유민주주의 사회에서는 모든 사람들이 자신이 속한 공동체의 이익과 이해를 관철시키기 위해 조직화라는 과정을 통해 자신들의 권익을 주장한다. 이 과정에서 필요한 것은 공동체의 일원이라는 의식과 정치적 의미의 '협력'과 '연합'이라는 가치를 이해하는 것이다.

하지만 우리나라의 중고등학교 청소년들은 치열한 입시 경쟁 때문에 민주주의 사회의 일원으로서 반드시 필요한 정치적 소통 및 협력을 통한 공동체적 공정성에 대해 이해하고 체득할 수 있는 기회가 주어지지 않는다. 경쟁은 대학에서도 계속된다. 대학에서는 취업을 위한 소위 스펙을 쌓기 위한 경쟁으로 인해 학생들은 시민으로서의 권리와 의무에 대한 진지한 고민과 성찰을 할 여유가 없다. 이렇듯 공동체적 공정성의 측면에서 평가할 때, 학교에서 행해지는 우리 교육의 현실은 학생의 사회 경제적 격차에 상관없이 낙제점에 가깝다.

이렇게 교육에서의 공정성의 문제는 다면적 성격을 가진다. 따라서 경제적, 분배적 측면 외에도 개인의 인정 및 공동체적 소통과 협력 등의 측면에서 논의되어야 하는 것이다. 이는 우리나라 대입 제도 공정성의 문제가 제도만의 문제로 귀결될 수 없다는 것을 시사한다.

또한 공정성이 가진 야누스적 특성은 제도 및 정책을 만들고 실행하는 이들보다 학교 현장에 있는 학생과 교사, 학부모, 지역 사회의 역할의 중요성을 보여 준다. 다시 말하면 교육 현장에 있는 이들이 공정성의 문제에 대해 더욱 민감하게 인식하고 노력을 기울여야만 진정한 의미에서 '공정한' 학교교육이 이루어질 수 있다는 것이다.

아울러 우리 사회의 과제는 다양한 목소리에 귀를 기울일 수 있는 사회를 만드는 것이다. 사회적인 공감대와 합의가 선행되어야만 현재의 학교에서 소외되고 있는 학생이 경험하는 인정의 불공정성이나 공동체적 공정성의 부족과 불이익까지도 해소할 수 있다.

따라서 한국 사회에 지금 필요한 교육적 가치는 무엇보다도 다양한 목소리와 가치를 인정하고 소통할 수 있는 '인지적 유연성cognitive flexibility'이다. 미 노동부 직업정보네트워크 콘텐츠 모델에 따르면 인지적 유연성은 "여러 가지 일을 다양한 방법으로 재배열하고 재구성하기 위해 다양한 종류의 규칙이나 원리를 적용할 수 있는 능력"을 말한다.[81] 즉 기존의 규칙이나 관습에 얽매이기보다는 사물과 현상을 다양한 각도와 관점에서 파악하고 해석할 수 있는 능력이다. 그리고 이러한 인지적 유연성은 자연스럽게 문제 해결을 위한 다양하고 창의적인 시도를 해 보는 것을 포함한다.

81   류태호, 《4차 산업혁명, 교육이 희망이다》(2017), 경희대학교 출판문화원, 40쪽

그동안 우리나라의 교육 패러다임이 전쟁 후 빠른 성장을 위한 경쟁 중심, 성과 중심의 모델이었다면 이제는 우리 학생들로 하여금 인지적 유연성을 갖도록 시간적인 그리고 마음적인 여유를 주어야 한다. 우리나라 교육이 현재 많은 변화를 꾀하려고 노력하고 있지만 그래도 여태까지 주입식 지식 전달 교육 위주로 상당 부분 이루어졌기 때문에 미래 사회가 요구하는 인지적 유연성을 학교 현장에서 기르기는 쉽지 않다.

학생들은 다양한 경험과 만남을 통해 세상을 바라보며 다양한 관점에 대해 눈을 떠야 하고, 내가 부딪치는 환경과 문제를 해결할 수 있는 방법이 한 가지가 아닌 여러 가지가 있다는 사실을 스스로 배워나가야 한다. '한 가지 길'이 아닌 '다양한 길'이 있다는 것, 그리고 그 다양한 길은 많은 사람과의 의미 있는 만남과 네트워크를 통해 모색하고 찾아낼 수 있다는 사실을 우리 아이들에게 가르쳐야 한다.

마음의
교육학

무한 경쟁 시대를 살아가고 있는 미래 세대인 우리 청년들과 청소년들에게 가장 필요한 것은 "학교에서 일등을 하지 않아도 행복하게 살수 있어."라는 격려와 "너 자신이 가장 잘 할 수 있는 일을 찾아서 하는 것이 너에게는 가장 큰 행복이야."라는 응원이다. 이를 위해 단일화된

방식으로 학생들을 줄 세우기 식으로 평가하는 기준을 없애거나 줄여
나가야 한다. 이러한 변화만이 용의 머리 대신 꼬리가 되어도, 계층의
사다리를 억지로 올라가지 않아도, 흙수저 출신이라도 잘 살 수 있다는
믿음을 학생들에게 줄 수 있다.

물론 교육도 변화가 필요하다. 획일화된 교육 목표와 교육 과정, 교
육 평가를 없애고 개인의 '차이'를 인정하고 다양한 모습을 격려하는
교육으로 나아가야만 진정한 의미에서 '공정한 경쟁'을 가능하게 한다.

이런 의미에서 나는 여느 때보다 우리나라에 '마음의 교육학'이 필
요하다는 생각이다. 전통적 교육학이 이전 세대가 가진 이상적인 지식
을 보전하고 전하는 것을 목적으로 삼는다면,[82] 마음의 교육학은 학생
이 다른 친구들과 교사와 함께 유기적 공동체를 이루며 지식을 만들어
나가는 것을 목적으로 삼는다.[83]

사실 교육을 뜻하는 영어 단어 education은 두 가지 상반된 의미의
라틴어, educare, educere에서 파생되었다고 알려져 있다.[84] 마음의
교육학에서 education은 '훈련하다' 혹은 '틀에 맞추다'라는 뜻의
educare가 아니라, '밖으로 드러내다' 혹은 '앞으로 이끌다'의
educere적 의미를 갖는다.

82 J. Henry, 《Culture against man》(1963), New York: Random House.
83 파커 파머, 이종태 옮김, 《가르침과 배움의 영성》(2011), IVP, 55쪽
84 M. Craft, (1984). Education for diversity. In Education and cultural pluralism, ed. M.
Craft, 5 - 26. London and Philadelphia: Falmer Press.

또한 마음의 교육학은 객관화된(혹은 객관적이라고 믿는) 교육 내용과 교육과정을 통해 표준화되고 수치화된 내용으로 학생들을 평가하는 것을 지양하고, 학생들에게 지식과 마음(자기 자신의 관심)이 연결되는 주제와 학습의 방법을 스스로 찾도록 격려한다.

마음의 교육학에서 지식은 하나의 주어진 객관화된 사실이 아니라 인격과 인격이 만나서 소통할 때 주어지고 발전하는 유기체적인 구성체construct이다. 따라서 교사도 역할도 딜라진다. 교사는 객관화된 사실을 먼저 습득하고 가장 완벽한 형태 혹은 효율적인 방법으로 '전달'하는 사람이 아니라, 학생과 함께 지식을 찾아내고 발전시켜 가는 '가이드'가 된다. 그리고 교실은 학생들과 교사들이 창조적으로 유기적인 지식 세계를 탐험해 나가는 공간이 된다. 일방향적 소통이 아닌 상호작용interaction으로 가득 찬 공간 말이다! 이와 같은 지적 활동을 통해 학교는 학생들의 마음과 활력을 북돋아 주며 서로 협력할 수 있게 하고, 공동체로서 의미를 가지게 된다.

이 시대를 사는 우리 학생들이 사고하기를 거부하는 이유는 아주 단순한 데 있다. 바로 학교교육이 학생들이 갈망하는 공동체와 괴리되었기 때문이다. 이에 미국의 신학자이자 교육가인 파커 파머Parker J. Palmer의 이야기에 귀 기울일 필요가 있다.

"[그들은] 관계가 위태로운 세계에 살고 있으며, 더 많은 (더 적은 것이 아니라) 공동체를 간절히 갈망하고 있다. 따라서 사고가 그들을 서로 그리고 세계로부터 단절시키는 것으로 보일 때, 그들은 그것을 원하지 않는 것이다."[85]

지식과 학교가 상품화되어 능력주의 사회에서 성공을 위한 입신양명의 도구로 전락할 때, 학생들은 현실과 괴리된 게임이나 인터넷의 가상 세계로 도망칠 수밖에 없다. 심지어 동년배 집단에서 상호 간에 유대감을 형성하여 비행적인 행동을 강화하는 폭력 서클과 같은 비행 집단으로 도망치는 청소년들도 있다. 최소한 그곳에서는 자신과 세계를 '연결시키는' 무언가를(우리는 그것을 흔히 열정이라고 부른다) 발견할 수 있기 때문이다.

그러나 만일 우리가 학생들에게 "인식에 관한 진실 – 인식이 공동체를 파괴하는 것이 아니라 창조한다는 점 – 을 보여 줄 수만 있다면, 우리는 더 많은 젊은이들을 배움이라는 위대한 모험으로 이끌 수 있을 것이다."[86]

독일: 과정 중심의 교육

독일은 사회적 합의에 의해 만들어진 구조 속에서 개인의 위치를 잘 찾을 수 있도록 설계된 효율적인 교육제도를 갖고 있다. 독일 교육이야

85 파커 파머, 이종태 옮김,《가르침과 배움의 영성》(2011), IVP, 24쪽
86 위의 책, 24쪽

말로 "이 사회에서 내가 맡은 부분이 무엇인가?"라는 질문을 학생과 학부모에게 던져 주고, 학생이 학문적으로든 직업적으로든 자신의 적성과 흥미에 맞는 일을 찾아 책임을 지도록 유도하는 데 효율적인 시스템이다.

독일 학생들은 반드시 대학을 가야만 일자리를 구할 수 있다고 생각하지 않는다. 왜냐하면 독일에서는 대학을 가지 않아도 가질 수 있는 일자리가 많이 있고 그 직업을 통해서 자아실현을 할 수 있다. 이는 독일의 경제적 구조와도 많은 연관을 가지고 있다. 독일은 기술직을 중요시하고 이는 독일 경제를 지탱하고 있는 수많은 중소기업의 바탕이 된다. 그래서 이런 기회를 제공해 주는 직업교육을 국민들이 선호하고, 그에 대한 투자도 활발하게 이루어지고 있다.

독일의 학생들은 좋은 직업을 얻기 위해 학교와 공부에 목을 매지 않는다. 만약 교수나 변호사처럼 학술적인 면이 중요한 직업을 희망하는 학생이라면 좋은 상급 학교에 가기 위해 열심히 공부한다. 하지만 대다수의 독일 국민들은 목수나 엔지니어, 교사 등 (자신의 적성에 맞는) 다양한 직업으로서의 삶을 살기를 원하고 사회에서 서로를 인정한다. 어떤 직업을 가지든 사회적으로 요구되는 가치와 신념과 타협하고 대화하는 과정 속에서 개인적으로 성장하고 성숙하는 그 '과정'은 모두 유사하기 때문에 서로를 존중한다.

이는 교육을 '학습'으로 보는 것이 아니라 '되어 가는 과정Bildung'으로 보는 독일인들의 교육철학의 배경이기도 하다. 또 하나의 특성은 바로 '자연스러움'이라고 할 수 있다. 되어 가는 과정에 초점을 맞춘 만큼 교육에서도 인위적으로 혹은 억압적으로 결과를 뽑아내려고 하는 경향tendency을 배제한다. 대신 개인이 사회에서 자기가 할 수 있는 일을 찾아가고 스스로 그것을 발견할 때까지 기다려 주는 '과정'에 대한 중요성이 독일 교육철학에 깊게 뿌리 박혀 있다.

결과 지향이 아닌 과정 중심적인 교육이 빚어낸 학생들의 모습이야말로 자연스러울 수밖에 없다. 학생들은 그 나이에 경험해야 할 것을 하고, 고민해야 할 질문들을 하면서 사회와 이웃들과 관계를 맺는데, 그 모습이 자연과 인간의 관계까지 확장해 나간 것을 독일 사회 곳곳에서 발견할 수 있었다.

가정에서는 자립심을 키워 주는 것이 부모들의 핵심 양육 지침이고, 학교에선 수업 내용과 방식 그리고 교사와 다른 교우와의 상호 관계를 통해서 학생이 사회의 한 구성원으로서 협동하는 법을 배운다. 또한 제도적으로 초등학교 졸업 순간부터 인문계 혹은 실업계를 선택해야 하는 경험을 통해 자신의 성향을 어려서부터 파악하고 그에 맞게 준비하는 연습을 하게 된다. 물론 학문 교육 진로와 직업교육 진로 간의 유동성이 존재하기 때문에 학생들은 지속적인 자기 성찰 과정을 통해 자신의 진로를 결정하게 된다.

영국: 교양인의 양성

문화의 나라 영국 교육의 핵심은 바로 '교양인gentlemen 양성'이다. 영

241

국 학교에서는 한국 학교에 비해 현저하게 적은 시험 과목 덕분에 학생들이 자신이 원하는 과목을 심도 있게 공부할 수 있는 여유가 있다.

무엇보다 자신의 지식과 의견을 드러낼 수 있는 논술형 시험을 통해 균형 잡힌 교양인으로서의 훈련을 한다.

근래의 무수한 교육개혁에도 불구하고 끈질기게 살아남은 영국의 교육 기조야 말로 '논술형 교육 및 평가'이다. 이렇게 유치원부터 대학 입학 전까지 논리력과 창의력 그리고 표현력을 중심으로 한 교육을 받은 영국 학생들이 대학에 입학할 때쯤 되면 웬만한 소논문 하나를 거뜬히 쓸 수 있을 정도의 글 실력을 갖게 된다.

옥스퍼드, 케임브리지로 대변되는 영국 엘리트 교육의 진가도 '토론 문화'에서 나온다. 실제로 옥스퍼드 곳곳에는 학생들과 교수들이 자유롭게 만나서 커피를 마시고 대화를 할 수 있는 공간인 커먼룸이 있다. 이곳에서 세계에서 내로라하는 교수들이 대화의 꽃을 피우며 서로의 생각을 교환할 뿐만 아니라 학생들과도 스스럼없이 이야기를 한다. 이렇듯 다양한 배경을 가진 사람들이 만나 생각과 사상의 교류를 펼쳐 나가는 토론 문화야 말로 영국 교육이 가지고 있는 큰 힘이 아닐 수 없다.

이러한 교육의 바탕에는 가정교육이 있다. 영국의 정치인들을 위시한 엘리트 계층 사람들은 가족만의 시간을 갖는 것을 가장 중요하게 생각한다. 가족 간의 시간에서 가장 중요한 것은 자녀들의 이야기를 들어주는 것이다. 이런 대화를 통해 자녀들은 부모가 유명인이라는 특권의식을 벗게 되고, 또한 교우 관계에서나 학교생활에서 평범한 학생처럼 친구를 사귀게 된다. 그리고 무엇보다 부모에게 의존하는 것이 아닌 스스로의 삶을 개척하고 계획하는 현실감각을 배우게 된다.

세계적으로 유명한 영국의 사립학교에서는 자신이 물려받은 부와 권력 그리고 명예를 '책임감' 있게 사용하는 '교양'을 쌓기 위해 엄격한 규율과 다소 과도하다 싶은 학업과 활동을 학생들에게 부여한다. 인생에서 가장 감수성이 예민한 시기에 있는 청소년들에게 정신과 육체의 단련을 위한 엄격한 규율과 기숙사 생활을 통해서 이들이 졸업 후 대학 및 사회에 나가서 이 사회의 리더로서 맞닥뜨릴 많은 난관과 도전들을 헤쳐 나갈 수 있는 기초 소양을 닦도록 하는 것이다.

영국 사회에서 사립학교를 졸업한 사람들에 대한 사회적 인정과 존경이 지속되는 이유는, 혹독한 훈련과 규율을 통해서 '규율' 속에서 '자유'를 구사하며 공동체와 사회를 위해 헌신하고 바른 방향으로 리드하는 지도자들이 많이 배출되었기 때문이다.

미국: 기회와 자유의지

미국은 자유를 숭상하는 나라답게 교육 분야에서도 자유 시장경제의 논리가 존중받고, 정부의 과도한 간섭을 견제하는 문화가 뿌리 깊게 자리 잡고 있다. 그래서 미국에서는 다양한 사립학교와 대안 학교 및 교육 프로그램이 존재한다.

미국 자본주의의 핵심 정신은 인간을 건전한 '의지'를 지닌 주체로서 보고, 이러한 의지를 '부' 혹은 '자본'이라는 눈에 보이는 가치로 변환할 수 있는 '자유'를 옹호하고, 격려하는 데 있다. 이렇듯 미국 교육은 모두에게 기회를 줘야 한다는 점에서는 평등을 지향하지만, 일단 기회를 받은 이상은 실력과 능력으로 그 기회를 살리면서 더 큰 가치를 만들어 낸다는 점에서는 철저히 자본주의의 논리를 따르고 있다. 하지만 나눔과 섬김이라는 기독교 청빈 사상은 자본주의 정신을 풍요롭게 하는 바탕이 된다.

미국 교육계의 기부금 문화야말로 미국적 자본주의 정신이 가장 잘 드러나는 부분이다. 쌓아 올린 부를 나와 가족만을 위해서가 아니라 사회와 국가 그리고 인류를 위해 기꺼이 '나눌 수 있는' 기업가들과 자본가들이 많이 나오고 이런 기부행위를 국가적으로, 사회적으로 환영해 주고 알려 주어 더 많은 사람들이 동참토록 하는 문화 말이다.

자본가들의 막대한 기부금 덕분에 미국 대학의 수준은 전 세계에서 온 인재들을 유치할 수 있었고, 그 인재들은 교육을 통해 자연스럽게 미국의 자본주의 정신을 흡수하게 된다. 그리고 세계 최고 수준의 교육을 받은 학생들이 사회에 나가 자본주의 경쟁 체제에서 승리해서 얻은 막대한 부와 재화를 다시 학교 및 사회에 기부하는 선순환 구조를 형성하고 있다.

미국 교육의 또 다른 특징은 '기회를 준다'는 것이다. 실패하는 아이들에게 다시 도전할 수 있는 두 번째 기회second chance를 주고, 가정이 경제적으로 어려운 아이들에게 장학금을 통해 교육적 기회를 주고, 한 분야에서 뛰어난 능력을 가진 아이들에게는 재능을 발현할 수 있는 기

회를 주는 교육이다. 따라서 미국에서는 평등 혹은 평준화 교육이 아니
라 '평등한 기회'를 지향한다.

또한 실패를 두려워하지 않고 끊임없이 도전해 볼 수 있게 하는 미
국 교육의 힘은, 비단 학업적인 면뿐만 아니라 스포츠를 비롯한 자신의
흥미와 적성에 맞는 다양한 프로젝트에 참여할 수 있는 여유와 공간을
허락해 주고 이를 격려해 주는 데서 온다.

미국의 기업가들과 투자가들은 확고한 자신들의 세계관 위에 산업
을 짓고 있었고, 또한 이 정신을 배우고, 발현하여 더 나은 세상에 대한
비전을 제시할 수 있는 다음 세대를 위한 발판을 교육이란 형태로 만
들어 내고 있다. 그리고 그 확신의 중심에는 인간의 '자유의지'에 대한
긍정적인 믿음이 자리 잡고 있었다. 무엇보다도 이 믿음을 실행할 수
있는 원동력은 합리적인 자본주의 원리에 따른 부의 추구와 기부라는
미국 자본주의 선순환 시스템이다.

싱가포르: 엘리트 및 성과주의

싱가포르는 우수한 인재를 발굴하고 이들에게 집중적으로 투자하는
능력 우선주의 원칙이 정치 시스템을 움직이는 원동력이다. 교육제도
도 철저한 '엘리트 및 성과주의'에 입각하여 초등학교 6학년부터 대학
입시까지 우수한 학생들을 구분해 내는 일종의 '선별적 교육(솎아 내기
식 교육)' 과정의 연속이라 할 수 있다.

싱가포르 정부는 건국 초기부터 이런 기조 아래서 교육제도를 만들어 내고 반세기가 지난 지금까지도 이 제도를 유지하되 변화하는 시대와 환경에 맞게 변화를 꾀하고 있다. 소수의 뛰어난 엘리트들을 선별하는 문제는 여전히 논란의 여지가 있음에도 싱가포르 국민들은 적어도 자국의 교육제도의 효율성과 공평성에 대해 신뢰를 하고 있다.

그뿐만 아니라 싱가포르 정부는 교육의 국제화에 세계 여느 나라보다 앞장섰는데, 이는 국제화된 인재야말로 싱가포르를 세계화의 거대한 흐름 속에서 발 빠르게 앞서 나갈 수 있게 하는 가장 큰 동력이라 믿었기 때문이다. 실제로 싱가포르 정부는 리콴유 재단이나 고켕쉐 재단과 같이 정부 기관과 관계된 재단에서 해외 유학생 지원 사업을 벌이고 있으며, 이들은 정부 차원에서 국가의 미래를 짊어지고 나갈 차세대 예비 지도자들로 육성 및 관리된다. 실제 많은 대통령 장학생들은 졸업 후 본국으로 돌아와 싱가포르 정부의 요직을 차지하고 있다.

이는 싱가포르 건국의 아버지인 리콴유가 영국에서 유학 후 조국에 돌아와, 영국으로부터 자치권을 획득한 이후 싱가포르가 직면한 교육, 주거, 실업 등 현실적인 문제 앞에서 국가를 재건하는 핵심 전략으로서 엘리트주의를 주창했기 때문이다. 이는 자신이 받았던 엘리트 교육을 제도화하면서 나라의 장래를 짊어지고 나아갈 국가의 엘리트들이 정치적, 이념적 문제에 매몰되지 않고 실질적이고 공통적인 문제 해결에 집중하여 함께 풀어 갈 수 있도록 하는 성과주의 시스템을 싱가포르 사회에 정착시켰다.

이런 의미에서 싱가포르 교육제도는, 한 명이 아닌 몇 만 명의 리틀 리콴유들을 양성하여 싱가포르가 세계화 및 지식 경제의 물결에서 생존하게 할 뿐만 아니라 그 변화를 리드하도록 하는, '효율성'을 극대화하는 제도인 것이다.

핀란드: 공동체와 합의의 문화

핀란드 교육의 핵심은 '공동체'와 '평등'이라는 두 가지 가치에 기반한다. 이는 핀란드의 역사적, 사회적 배경으로 형성되었다. 핀란드는 제2차 세계대전에서 패전하여 러시아에게 막대한 전쟁 보상금을 갚아야 하는 상황에 이르렀지만, 핀란드 국민은 전쟁이 남긴 막대한 폐해를 강인한 공동체 정신과 협동으로 극복했다. 또한 러시아에게 전쟁 보상금을 지불하는 과정에서 핀란드 국민들은 급속한 산업화를 이뤄 냈다.

핀란드의 종합학교 개혁은 이런 정치, 경제, 사회적 영향 아래 진행되었다. 핀란드 교육의 핵심 철학이 평등에 기반을 둔만큼, 오늘날 핀란드 교육정책의 핵심 목표는 나이, 거주지, 경제 여건, 성별이나 모국어 종류에 상관없이 모든 시민들에게 양질의 교육을 받을 기회를 동등하게 제공하는 것을 기본으로 한다.

이런 교육 목표에 따라 핀란드 아이들은 만6세부터 모두 무상으로 유치원부터 9년제 종합학교까지 교육을 받게 된다. 학비뿐만 아니라 식사 및 교재비용 및 모든 제반 비용들도 모두 무상이다. 확고한 공동체 의식을 바탕으로 한 평등주의 교육은 종합학교가 학생들을 건강한 시민으로 성장시키는 데 필요한 심리 상담, 보건, 영양, 특수교육을 제공하는 토털 복지 기관total welfare institution으로 자리 잡게 했다.

또한 정부 차원에서 핀란드 학교에서는 학생들에게 지속적으로 '기회'를 주려고 노력한다. 학습 습득 능력이 느린 학생들에게는 자신의 페이스에 맞춰서 진학할 수 있는 기회를 주고, 자신이 인문계에 적합한지 실업계에 적합한지 탐색해 볼 수 있는 시간을 허락하며, 그리고 한번 선택한 후에도 다시 바꿀 수 있는 일련의 기회를 제공한다. 이런 제도적 환경과 사회적 분위기 속에서 학생들은 자기 자신에 대해 충분히 성찰할 수 있는 기회뿐만이 아니라, '나와 다른, 다른 사람의 특성'을 인정할 수 있는 여유를 갖게 됨은 자명한 일일 것이다.

핀란드 교육 경쟁력의 핵심으로 지목되는 것은 '교사의 우수한 역량'이다. 핀란드에서 교사가 높은 사회적 지위를 갖고 있다는 것과 '전문직'으로 평가되며 직업적 독립성을 누리고 있다는 사실과 연관된다. 핀란드 정부는 학생들 개개인의 적성과 능력에 맞게 수업을 제공하도록 하기 위해서 교사의 전문성을 높이기 위한 역량을 개발해 줄 뿐 아니라, 학급 정원을 줄이고 필요한 경우 보조 교사를 배치하는 등 학교 환경을 교사들의 전문성에 맞추어 개선하는 데도 정부 차원의 노력을 기울이고 있다.

그리고 지속적인 자기 개발을 보장하기 위해서 교사들은 자율적인 연수 시간을 충분히 가질 수 있도록 돕는다. 학교 행정으로 많이 바쁜 한국의 교사와는 달리 핀란드의 교사들은 수업이 끝나면 바로 집으로 돌아가고, 두 달 반가량의 여름방학에는 학교에 출근하지 않는다. 이런 시간적 여유를 보장하는 것을 통해 핀란드의 교사들은 자신과 학생들에 맞춘 교육 방법, 교재 등을 충분히 준비하고 꼭 필요한 세미나에 참여할 수 있다.

그들이 우리에게
가르쳐 준 것들

앞에서 정리한 싱가포르, 미국, 영국, 독일, 핀란드 사례가 치열한 경쟁 속에서 능력중심주의 문화에 물들어 있는 우리 청소년들과 청년들에게 시사하는 교육에서의 키워드는 다음과 같다 : **기회, 토론(대화), 자유, 과정.** 마음의 교육학이 추구하는 바도 바로 여기에 있다.

교육을 한마디로 정의하자면 '학생들에게 기회를 주는 것'이다. 싱가포르에서는 고도로 효율적인 '걸러 내기' 제도를 통해 아주 가난한 가정의 학생조차도 세계 일류의 대학과 대학원에서 공부할 수 있는 기회를 주고 있으며, 미국에서는 거대 자본가들의 막대한 기부를 통해 세계 최고 수준의 대학과 그 대학에서 공부할 수 있는 기회를 장학금 제도를 통해 주고 있다.

영국에서는 가문을 통해 부여된 막대한 기회가 방종으로 흐르지 않도록 교육을 통해 제어하며 잘 준비된 리더들을 키워 내고 있다. 독일에서는 학문적으로뿐만 아니라 기술적 능력을 발휘하여 사회에서 유용한 가치를 만들어 낼 수 있는 직업인으로서의 기회를 주며, 핀란드에서는 자신의 능력과 속도에 맞게 학업을 꾸려 나갈 수 있는 기회를 준다. 그럼 과연 우리는 학생들에게 어떤 '기회'를 주고 있는가? 더 나아가 어떤 기회를 창출해 내고 있는가?

교육은 또한 '다른 사람과 대화할 수 있는 능력의 배양'이다. 영국에서는 사립학교는 물론 공립학교에서도 어렸을 때부터 '주관식 교육'을 통해서 지식을 습득, 암기하는 것이 아닌 교사와 다른 학생들과의 토론을 통해 표현하는 교육을 한다. 영국의 교육제도를 모델로 삼고 있는 싱가포르에서도 기본적인 교육과정은 주관식 교육으로 이루어져 있으며, 아시아 문화권에 속하면서도 주관식, 토론 교육을 통해 동·서양을 연결하는 가교로서 역할을 하고 있다.

미국에서는 다양한 토론식 교육뿐만 아니라 스포츠, 음악 등과 같은 과외활동을 통해 학업과 더불어 다채로운 분야에서 다른 사람들과 대화하고 함께 일하는 것의 의미와 방법을 자연스럽게 체득한다. 독일과 핀란드 모두 객관식 시험 평가 방법이 아닌 토론, 에세이, 주관식 시험이 주인 교육과정을 운영하면서 학생들이 자신의 의견을 피력하고 다양한 생각과 주장을 지닌 사람들과 대화하고 토론하는 방법을 배운다. 과연 우리는 학교에서 가정에서 아이들에게 다양한 배경과 생각, 문화를 지닌 사람들과 대화하고 의견을 주고받을 수 있는 교육을 하고 있는가?

신자유주의의 선봉에 서 있는 미국과 싱가포르부터 유럽에서 의미 있는 교육의 모델이 되는 영국과 독일, 유럽식 사회주의의 모범 국가인 핀란드까지 서로 다른 정치, 사회 시스템을 가진 5개의 국가이지만, 기본적으로 가정과 학교에서 강조하는 교육적 가치의 바탕에는 자유와 독립심이 있다.

싱가포르와 핀란드는 제2차 세계대전 이후 재건 과정에서 교육을 국가와 사회의 발전에 중요한 가치로 여기고 개혁을 추진해 나갔고, 그렇게 교육 받은 우수한 국민들의 역량을 바탕으로 선진국의 대열에 들어서게 된 신생 국가들이다. 엘리트주의를 강조하는 싱가포르와 공동체성을 강조하는 핀란드는 교육적 가치의 지향점이 상이해 보이기도 한다. 하지만 국제 관계에서 독립국으로서의 자유를 쟁취하기 위해 정치, 경제, 사회, 교육 제도를 발전시킨 점에서는 양국이 유사한 발전 과정을 가지고 있다.

미국은 자본주의의 선봉에 있는 나라인 만큼 교육제도 전반에서 개인의 자유에 대한 존중과 개개인의 능력에 대한 극대화를 통해 자본과 부를 생산해 내는 시스템이 '선순환'되어 가치를 만들어 내고 있다. 독일과 영국은 가정과 학교에서 학생들을 교육 목표 중 가장 중요한 부분이 독립심으로 여기고 있어 대학 입학 전에 학생들이 부모들로부터 독립하여 어엿한 사회인으로서 제 역할을 하는 것에 주안점을 두고 있다.

과연 우리 교육은 미래 세대들이 그들이 가진 능력과 흥미와 재능을 자유롭게 발휘할 수 있게 하는 사회적 교육적 시스템을 조성하고 있는가? 가정에서 학부모들은 학생들이 사회인으로서 자립할 수 있도록 독립심을 가르치고 있는가?

마지막으로 교육은 '되어 가는 과정'으로서 의미가 더 크다. 최근 선진국에서 강조되고 있는 구성주의적 교육 방식에 의하면 지식은 고정적인 것이 아니고 항상 변화하는 것이기 때문에 다른 학습자와의 교류를 통해서 함께 배워 가는 것으로 정의하고 있다. 따라서 지식 그 자체만큼이나 지식이 어떻게 구성되어 가는지에 대한 학습 과정의 사회 구성적인 요소를 이해하는 것도 중요하다.

독일의 '빌둥Bildung'이라는 용어가 내포하는 바는 학생들은 학교 안팎에서 직면하게 될 여러 경험과 고난을 통해서 자기 자신을 발견하고, 이에 대한 기초 위에서 사회 속에서 자신이 감당해야 할 위치를 찾는 그 '과정'을 꼭 거쳐야 한다. 이를 미국과 싱가포르에서는 여러 활동을 통한 기회를 주는 것으로, 영국에서는 자율과 규율을 배우는 것으로, 핀란드에서는 유급한 학생들에게도 기회를 주는 것으로 표현된다.

과연 우리는 학생들에게 자신을 찾아가는 여행으로서 교육을 인식하게 하는가? 지금 나의 모습이 아직 끝이 아니라 과정on process라는 것을 가르쳐 주고 있는가?

위에서 던져진 질문을 답하기 위해 '나'를 포함한 개개인이 '지식'과 '교육'에 대한 근본적인 정의를 새롭게 할 때이다.